Ulrich Wigand

In den Himmel einziehen und ein Wolkenhaus bauen

Autobiographie

www.tredition.de

© 2014 Ulrich Wigand
Umschlag, Illustration: Bernd Radtke
Verlag: tredition GmbH, Hamburg

ISBN
Paperback   978-3-7345-2452-3
Hardcover   978-3-7345-2453-0
e-Book   978-3-7345-2454-7

Printed in Germany

Für Mara und Johanna

Vorwort

Mehr als ein Jahrzehnt sind vergangen, ehe ich begann, die in Heften und Kladden, auf losen Blättern und Speichermedien verstreuten Notizen, Aufzeichnungen, Textfragmente und Erinnerungen zu sichten und zu ordnen. Die Geschichte, die dieses Buch erzählt, ereignete sich bereits im Jahr 2000. Damals hielten wir viele Begebenheiten und Aussprüche spontan in Form kleiner Notizen fest. In den beiden ersten Jahren danach brachte ich immer wieder Erinnerungen zu Papier, getrieben von der Angst, zu vergessen. In den Urlauben saß ich oft schon früh morgens auf dem Campingplatz vor dem Zelt und schrieb mir die Finger wund, während der Rest der Familie noch schlief: schon damals mit der vagen Vorstellung, irgendwann die vielen Aufzeichnungen zusammenfügen und Yannick und die damaligen Ereignisse in einem zusammenhängenden Text wieder lebendig werden lassen. Aber dann fehlte acht Jahre lang neben meinen intensiven beruflichen Aufgaben die Zeit, und danach traute ich mich weitere Jahre nicht, die Texte wieder auszupacken und damit alles noch einmal zu erleben und zu durchleiden.

Die vielen Fragmente und Puzzleteile sind nun doch noch ein Ganzes geworden. Bis in die Details hat sich die Geschichte so, wie sie hier steht, abgespielt – allerdings aus meiner ganz subjektiven Sicht und Wahrnehmung heraus erzählt. Jeder andere der damals beteiligten Menschen würde über die Ereignisse sicherlich anders schreiben, erlebte und erinnert sie anders.

So kommen meine Töchter Mara und Johanna und meine Frau Gabriele in diesem Buch oft nur am Rande vor. Das spiegelt meine damalige Wahrnehmung: eine verengte Welt, fokussiert auf eine einzige Aufgabe: mit allen Mitteln meinen Sohn Yannick am Leben zu erhalten. Ich konnte nur noch ihn sehen und verlor dabei immer mehr den Rest meiner engsten Familie und Angehörigen aus den Augen. Diese Versäumnisse sind nicht korrigierbar. Aber vielleicht hilft dieses Buch, sie etwas nachvollziehbarer zu machen.

Mein Dank gilt an dieser Stelle meinen „Lektorinnen" Gisela Hinsberger und Cordula Viergutz, sowie allen anderen, die mir mit Ratschlägen und kritischen Rückmeldungen bei der Entstehung dieses Buches geholfen haben.

Frühling

1

Die Farben leuchten im Licht der wieder höher stehenden Sonne an diesem ersten Frühlingstag, dem einundzwanzigsten März. Die Luft ist durchsichtig, der Himmel wolkenlos, tief und klar. Ein Tag, an dem nichts absurder erscheint, als dass er unser Leben für immer verändern, es in zwei Teile teilen könnte: das Leben davor und das Leben danach. Erste Wärme und erstes durchbrechendes Grün laden ein, früh im Büro Schluss zu machen, meine Joggingrunde im Wald zu absolvieren. Umso ärgerlicher die Langwierigkeit des Projektgesprächs: draußen die lockende Sonne und ich als Gastgeber der Besprechung festgenagelt. Es ist schon später Nachmittag, als ich endlich auf dem Weg nach Hause bin.

Wie Yannick wohl einen Tag wie diesen beschreiben würde? „Die Welt glitzert" vielleicht. Woher nimmt er seine Worte und Sprüche mit seinen gerade einmal vier Jahren? Seine blumige, die Welt beobachtende, die Natur erspürende Sprache verblüfft uns immer wieder, ist wie ein Sprach-Zirkus, eine Mischung aus Wortakrobatik und verbaler Clownerie.

Bestimmt werden sie wieder, wie meistens an solchen Tagen, auf unserer kleinen Wohnstraße spielen, in die ich gleich einbiege. Mara, mit neun Jahren die Ältere, ruhig, zurückhaltend und besonnen, für Yannick als große Schwester der wichtigste Bezugspunkt in seinem kleinen Kosmos. Johanna, mit sieben Jahren quirlig, unentwegt in Bewegung und voller Phantasie. Schließlich Yannick, der kleine Bruder, extrovertiert auf die Umwelt zugehend und mit seinem verschmitzten Charme wie selbstverständlich alle für sich einnehmend. Gabriele wird vielleicht schon das Abendessen vorbereiten oder mit einer Nachbarin in der Küche noch einen Kaffee trinken.

Die Mädchen werden Seilchen springen oder auf ihren Inline-Skates oder Fahrrädern vor dem Haus unterwegs sein, Yannick mit Roller oder Dreirad, Fußball spielen oder auf dem Bobbycar sitzen und bei meinem Einbiegen in die Straße, sobald er meinen alten schwarzen Fiat Panda erblickt, alles liegen lassen und mir entgegen laufen. Dann wird er, wie so oft, ins Auto auf meinen Schoß klettern und helfen, es ans andere Ende der Straße zu lenken, am Wendehammer zu kehren und vor dem Haus einzuparken.

Aber in letzter Zeit war das seltsam verändert. Wenn Yannick mich mit dem Auto die Straße hochkommen sah, kam er nicht mehr freudig, sondern weinend und – so schien es mir – verzweifelt auf mich zu und beruhigte sich erst wieder, als er auf meinem Schoß saß und lenkte. Ich machte mir keine weiteren Gedanken darüber. Doch es war eine der tieffliegenden Schwalben vor dem Unwetter, die wir nicht beachteten und in ihrer Bedeutung nicht erkannten. Eines von vielen Anzeichen der heraufziehenden Katastrophe.

Als ich endlich in unsere Straße einbiege, ist sie leer. Keines der Kinder spielt vor dem Haus. Unser Familienauto, ein roter siebensitziger Citroen-Van, den wir uns erst vor einem halben Jahr angesichts der großen Familie und zahlreicher Freundinnen der Kinder, die zu verschiedenen Anlässen mitgenommen werden wollen, gekauft haben, ist nirgendwo zu sehen. Die Haustür steht, ganz ungewöhnlich, offen. Ich finde Mara und Johanna im Wohnzimmer mit einer Nachbarin und deren Freund.

„Gabriele ist mit Yannick vor einer halben Stunde ins Klinikum gefahren. Nichts Akutes, aber irgendwas stimmt nicht", sagt sie. Ich solle so schnell wie möglich nachkommen. Sie würden bei den Mädchen bleiben.

Ich setze mich sofort wieder ins Auto. Fahre die zwei Kilometer zum Aachener Klinikum, einem der wohl größten zusammenhängenden Gebäudekomplexe Europas, ein in den siebziger Jahren errichteter Bau in futuristischer Fabrikarchitektur aus Stahl und Glas, ein technisches Monstrum, die Fassade bedeckt mit Lüftungsrohren und Leitungen, von innen wie eine komplette Stadt. Es ist schwer, in dem Labyrinth von Gängen, Etagen, Versorgungswegen und Stationen die Gesuchten zu finden. Schließlich begegne ich ihnen in einem kleinen Untersuchungsraum tief im Inneren des Ameisenhaufens. Als Yannick mich sieht, stürmt er auf mich zu und rennt in meine Arme. Das Standard-Untersuchungsprogramm wird gerade an ihm durchgeführt: Reflexe, Blutabnahme, Zugang legen, Größe, Gewicht. Keine Befunde, alles normal. Er soll über Nacht bleiben. Morgen weitere Untersuchungen: Computertomografie wegen Verdachts auf Hirntumor. Gabriele will bei ihm bleiben und in seinem Krankenzimmer übernachten.

„Hoffentlich kein Hirntumor", sagt sie noch. Als Ärztin kann sie Symptome eher deuten als ich. Ich versuche, sie zu beruhigen: vielleicht ein Infekt, sicher nichts Dramatisches. Doch sie hat Angst, berichtet von Drehschwindel am Nachmittag, Erbrechen, plötzlicher Panik bei ihm und noch größerer Panik bei ihr. Monate später sagt sie, in dem Moment habe sie es bereits gewusst.

„Ich habe Angst, dass ich in den Himmel fliege. Halt mich fest" hat Yannick in den letzten Tagen mehrmals zu Gabriele gesagt.

„Ich halte dich ganz fest", versuchte sie ihn zu beruhigen.

Gabrieles Bericht über die Ereignisse der letzten Stunden weckt bei mir die Erinnerung an merkwürdige Ereignisse der letzten Wochen und Monate. Veränderungen, schleichend, unmerklich, zunehmend. Jede für sich allein genommen eigentlich nichts wirklich Beunruhigendes.

Zuerst Yannicks Gang, vor allem abwärts, die steile Treppe vom Dachgeschoss unseres holländischen

Reihenhauses herunter, wo kein Handlauf vorhanden ist. Unser kleiner Fernseher steht ganz oben im Haus, möglichst weit weg vom täglichen Geschehen, und „Die Sendung mit der Maus" war anfangs das Einzige, was die Kinder sehen durften und entsprechend beliebt und heftig erwartet war. Später kam am Abend das Sandmännchen hinzu. Von Woche zu Woche, wenn am Sonntagmittag die „Die Maus" zu Ende war, wurde Yannicks Gang die Treppe hinunter unsicherer. Mir fiel es kaum auf, aber Gabriele beobachtete seine Bewegungen mit zunehmender Sorge. Manchmal setzte er sich oben auf die Treppe und rutschte auf dem Po Stufe für Stufe die Treppe hinunter.

Im Februar dann Elternabend im Kinderladen. Auf einem der für uns Erwachsene viel zu kleinen und von Minute zu Minute härter und unbequemer werdenden Kinderstühlchen den ganzen Abend über im Kreis hockend, wartete ich bei den diversen Themen, Organisatorischem, Unwichtigem, ungeduldig auf den einzigen Tagesordnungspunkt, der mich an dem Abend interessierte, an dem die Erzieher immer reihum über die Kinder berichten. Wenn Yannick dran war, erzählten sie oft von den engen Freundschaften, die er mit vielen anderen Kindern im Kinderladen geschlossen hat, wie ihm alle Herzen zufliegen, wie wichtig er für so viele Kinder ist, wie er sich mitfühlend um andere Kinder kümmert und ihnen hilft. Ein kleiner Junge, Peter, weinte regelmäßig, wenn seine Mutter ihn morgens nach dem Bringen zurückließ, um zur Arbeit zu fahren. Yannick nahm ihn dann an die Hand oder in den Arm und erklärte ihm, dass er nicht traurig zu sein bräuchte, seine Mama würde wiederkommen und ihn abholen. Und jetzt würden sie erst einmal spielen gehen, und er nahm ihn mit nach oben in den großen Gruppenraum. Einmal erzählten die Erzieher, Yannick sei bei Gesellschaftsspielen, besonders bei jedem „UNO"-Spiel immer ganz vorne dabei und auch unangefochtener „Dinosaurier-Memory"-König. Nur seine Freundin und frühere Krabbelgruppengefährtin Leonie könne ihm manchmal das Wasser reichen.

An jenem Abend aber wurde meine freudige Erwartung, wieder von Yannicks Beliebtheit und seiner tollen Entwicklung in der Gruppe zu hören, enttäuscht: Yannick stände manchmal etwas merkwürdig orientierungslos im Raum, wie abwesend, ihm sei einmal schwindelig gewesen, wurde berichtet. Der sorgenvolle Ton war unüberhörbar.

Wir glaubten, Yannick hätte sich den Magen verdorben, als er sich am Rosenmontag erbrach. Er war als Ritter verkleidet, mit seinem Holzschwert, das er zum letzten Geburtstag bekommen hatte, Helm, Schild mit Löwen drauf. Gabriele hatte ihm noch ein Ritterwams genäht, ebenfalls mit einem Löwen drauf. Ein stolzer Ritter. Als ein halbes Jahr zuvor die Ritterbegeisterung begann, aßen Yannick und sein Freund Sebastian eine riesige Portion Rosenkohl, den sie eigentlich überhaupt nicht mögen, nachdem Gabriele ihnen erzählt hatte, es handele sich um Ritterknödel, die besonders stark machen.

Wir standen alle in unseren Karnevalskostümen unten an der Straßenecke in der Menge, nur etwa hundert Meter von unserem Haus entfernt. Die ersten Wagen des Rosenmontagszugs waren vorbei, die ersten Kamelle gesammelt. Plötzlich erbrach sich Yannick und das Erbrochene ergoss sich über sein Ritterwams. Ich nahm ihn auf den Arm, trug ihn nach Hause, zog ihn um, machte uns beide sauber. Er wollte nicht mehr zurück zum Zug und zu den anderen, wollte zu Hause bleiben. Das war ungewöhnlich, hatte er sich doch seit Wochen auf dieses Ereignis gefreut.

Erst kürzlich beim Griechen „Alexander der Große" passierte es wieder. In den letzten Jahren fast schon zu einem Ritual geworden, läuten wir oft das gemeinsame Wochenende freitags abends nach der Kinderladen-, Schul- und Arbeitswoche mit einem Essen bei einem der Griechen ein. Yannick hatte erst wenig gegessen, als er seine Spaghetti auf den Teller erbrach.

Und als wir erst vor wenigen Tagen mit den Schwiegereltern im Bonner „Haus der Geschichte" waren, wollte Yannick fortwährend auf den Arm und weinte untröstlich, nachdem er, offenbar orientierungslos, im Foyer mit einem Mann kollidiert war, der sich zwar entschuldigte, dem ich aber noch mit auf den Weg gab, er solle doch bitte besser aufpassen.

Vor allem aber begann Yannicks klare Sprache immer mehr zu verschwinden. Er ist ein Sprachjongleur, der es liebt und manchmal regelrecht zelebriert, Redewendungen, Floskeln, was immer er aufschnappen kann, zu originellsten Äußerungen zu verarbeiten. Und eine so glockenklare und prononcierte Aussprache wie seine hatte ich nie ich zuvor bei einem kleinen Kind gehört. Noch gut erinnere ich mich an die Telefonate mit der Familie, als ich für sechs Wochen zu einer Kur war. Jedes Mal, wenn Yannick, damals gerade drei Jahr alt, den Telefonhörer erobert hatte, begann er übergangslos nach einem „Weißt du wa-as….?", wobei das „wa-as" immer eine Terz nach unten ging, mit seiner hellen Stimme in gewählten Formulierungen die lustigsten Neuigkeiten von zu Hause und aus dem Kinderladen zu erzählen.

Aber seit einiger Zeit wird Yannicks Aussprache immer verwaschener. Auch bei seinen Lieblingsbüchern, die er sich, vor allem abends im Bett, wieder und wieder vorlesen lässt, deren Text er irgendwann auswendig kennt und vom ersten bis zum letzten Wort mitspricht. Er liebt die Stellen mit Komik, platzt fast vor diebischer Vorfreude darauf, fängt schon zwei Seiten vor der Pointe an zu kichern. Und wehe, man verliest sich, sagt ein falsches Wort: der Protest kommt auf der Stelle. Dieses Mitsprechen wurde von Woche zu Woche undeutlicher. „Yannick macht auf Kleinkind, er hat eine regressive Phase", lautete unsere erste Vermutung.

„Sprich bitte deutlich! Musst du so nuscheln? Man versteht dich ja gar nicht! Kannst du nicht normal sprechen?" mahnten wir ihn immer wieder. Gabriele kaufte einen Ratgeber mit dem Titel „Kleine Helden in Not", in der Überzeugung, seine Rolle als gleichzeitig kleiner Mann und doch Kleinkind sei der tiefere Grund für ein regressives Verhalten. Aber seine Aussprache verschlechterte sich weiter.

Vielleicht ist an Yannicks Gehör etwas nicht in Ordnung, vermuteten wir. Bekommt er deswegen Probleme mit der Sprache? Und ist das auch der Grund des gelegentlichen Schwindels, der Orientierungslosigkeit, der Unsicherheit beim Gehen? Gabriele vereinbarte einen Termin beim Hals-Nasen-Ohrenarzt. Zu dieser Untersuchung ist es nicht mehr gekommen.

Alle diese Vorkommnisse gehen mir durch den Kopf, als ich nach Hause fahre, um die notwendigsten Übernachtungssachen einzupacken und sie ins Klinikum zu bringen. Den beiden Mädchen erkläre ich, dass Gabriele und Yannick eine Nacht zur Untersuchung im Krankenhaus bleiben müssen, bringe sie ins Bett, mache am nächsten Morgen das Frühstück und schicke sie zur Schule, bevor ich wie an jedem Tag in mein Büro im zwanzig Kilometer entfernten Herzogenrather Rathaus zur Arbeit fahre. Neue Nachrichten kann es zu dieser Stunde ja noch nicht geben.

2

Es ist später Vormittag, als Gabriele am Telefon ist, in Tränen aufgelöst. Sie kann kaum sprechen.

„Er hat einen Hirntumor, bitte komm sofort!"

Die Welt wankt. Ich lege wie betäubt auf, lasse alles stehen und liegen, sage meinen Mitarbeitern, bei meinem Sohn sei ein Hirntumor festgestellt worden, ich müsse sofort weg. Den Schrecken in den Gesichtern nehme ich beim Hinausgehen nur undeutlich wahr, fahre mechanisch, wie durch einen Tunnel. Gedanken und Bilder vergangener Ereignisse und uns bevorstehender Szenarien wirbeln mir durch den Kopf. Ich versuche zu realisieren, was da gerade passiert ist, was da mit uns, mit mir, mit Yannick geschieht.

Ich finde Gabriele im Flur der Radiologiestation, wartend. Ich spüre ihr leichtes Beben, als ich sie zur Begrüßung umarme. Nach der Computertomografie am Morgen wurde zur besseren Identifizierung und Lokalisierung des Tumors eine Kernspinuntersuchung angeordnet. Yannick ist noch im Untersuchungsraum. Er musste mit Beruhigungsmitteln in einen Schlafzustand versetzt werden. Gabriele rechnet mit dem Schlimmsten. Das Schlimmste, das ich mir vorstellen kann, ist eine Operation in einem äußerst sensiblen und riskanten Bereich, im Gehirn. Also eine Zeit mit Risiken, eine dramatische Zeit. Aber eine Zeit, die wir alle auch wieder hinter uns lassen werden und nach der wir wieder eine gesunde und vollständige Familie sein werden.

Wir gehen in die Cafeteria, es wird noch etwas dauern, bis die Untersuchung beendet ist, sprechen nicht viel, jeder in Gedanken, mit seinen Ängsten, halten uns nur kurz an der Hand. Als wir wieder zur Station zurückkommen, ist Yannick noch nicht wieder aufgewacht. Aber wir können zu ihm. Er hat seinen weiß-dunkelblau-gestreiften Matrosenpullover an, Strähnen seiner blonden Haare fallen ihm in die Stirn. Er sieht unglaublich süß aus. Zusammen mit zwei Krankenschwestern schieben wir unseren reglos daliegenden Sohn in seinem fahrenden Bett durch die Flure zur Kinderstation. An jeder Ecke des Bettchens eine Person. Plötzlich ist mir, als ob wir einen Sarg zu Grabe tragen. Eiskalt kriecht Angst in mir hoch, zieht mir die Brust zusammen. Gabriele erzählt später, dass sie in diesem Moment die gleichen Bilder hatte.

Die Diagnose wird am späten Nachmittag erwartet. Es ist Mittag, als wir in das Krankenzimmer zurückkommen. Auf dem Tisch steht ein Strauß gelber Narzissen. Yannick ist aufgewacht, bester Laune, hat „Mausi", seine Plüsch-Maus, seine „Sendung mit der Maus", wie er sie auch manchmal nennt, fest in die Arme gedrückt. Es gelingt mir nicht, das Bild dieses Jungen mit dem, was wir heute erfahren haben, in Übereinstimmung zu bekommen. Seine kristallklaren bunten Augen, in denen sich braun, grün und grau mischen, strahlen mich an.

Yannick verlangt, dass ich mit ihm "Uno" spiele. Schon wenn er beim Kartenmischen die „Vier-ziehen"-Karte oder auch nur die „Zwei-ziehen"-Karte sieht, fängt er an zu kichern. Und wenn er mir dann eine solche Karte legen kann, fällt es mir angesichts seines glucksenden Lachens schwer, den Zerknirschten zu spielen.

Wir gehen hinaus in die Frühlingssonne. Yannick rennt über den weiten Vorplatz des Klinikums, schlenkert mit den Armen, lässt sie kreisen wie Windmühlenflügel. Immer wenn er gut gelaunt ist, rennt er, die Arme wie Propeller drehend, oder die Arme und Schultern wie eine alte Dampflokomotive kreisen lassend. Wir steuern den italienischen Eisverkäufer auf Rädern an, der seinen Stand vor dem Klinikum aufgebaut hat. Dann zurück ins Krankenzimmer, warten, vorlesen, spielen. Jemand von der Station schenkt Yannick einen orangefarbenen Luftballon.

„Warum guckst du so blass?" fragt mich Yannick.

Stunden verstreichen, die Visite lässt auf sich warten.

Dann kommen sie, als wir gerade mitten in einem Uno-Spiel sind. Eine große Truppe in weißen Kitteln: Chef, Oberärzte, Assistenten, Pfleger, Sozialarbeiter. Das Krankenzimmer ist auf einmal voll.

„Er hat einen Tumor im Hirnstamm, ein ‚Pons-Gliom' – nicht operierbar – keine Heilungschance – Prognose je nach Behandlung drei bis sechs Monate". Wortfetzen und Begriffe bohren sich in mich hinein.

Als eine Pflegerin auf Yannick zutritt, zerplatzt sein orangener Luftballon mit lautem Knall mitten in die Diagnosestellung hinein. Yannick fängt an zu weinen, ist untröstlich, schreit. Chaos bricht aus. Ich sehe vor mir nur noch eine weiße Front, aus der immer noch Mitteilungen das Schreien zu durchdringen und uns zu erreichen suchen. Die Worte sickern von den Ohren in den Kopf, den Bauch, das Herz, in alle Glieder, durch den Körper, eiskalt, glühend heiß. Mit weit aufgerissenen Augen starre ich den Arzt, der dort spricht, an: „Nein!" Die Wut auf die Ärzteschaft kommt erst viel später. Das Todesurteil für den geliebten Sohn wie eine lapidare Nachricht zu überbringen, ohne Vorwarnung hingeworfen durch eine weiße Meute und im Beisein des wegen seines Luftballons verzweifelt schreienden Yannick.

Es wird Abend. Wir sitzen mit Yannick im Dienstzimmer der Oberärztin. Sie ist verständnisvoll, ernst, sachlich. Yannick auf meinem Schoß. Er ist müde, schläft irgendwann ein. Ich wiege ihn, halte ihn, grabe meine Nase in seine Haare, sauge seinen Duft ein. Draußen ist es dunkel. Wir sitzen irgendwo in einer kleinen Zelle einer großen Apparatur, in einem Raumschiff, das durch die Nacht fliegt. Nichts existiert mehr, als dieser Raum im Dunkel des Weltalls.

„Ein Mädchen mit Pons-Gliom hat im vergangenen Jahr nach der Chemo- und Strahlenbehandlung noch einen langen Sommer ohne große Beeinträchtigungen gelebt", höre ich die sonore Stimme der Ärztin. Die Worte dringen in mich ein und fließen durch mich hindurch. Gedanken, Gefühle blitzen auf, verglühen wie Sternschnuppen, Tränen überschwemmen mich, trocknen. Ich beuge mich über meinen schlafenden Sohn, will ihn schützen vor all diesen Worten, vor seinem Schicksal. Fragen steigen in mir auf.

„Wie ist der Krankheitsverlauf?" Sie spricht von Lähmungserscheinungen. Ich kann und will mir keine Vorstellungen machen. Sie bietet Hilfe an, nennt Ansprechpartner. Ihre Worte fallen in einen dunklen Schacht.

„Wird er leiden müssen?" Ich bekomme die Frage kaum über die Lippen. Höre mich selber von weit her sprechen. Zur Antwort diverse Ausführungen über mögliche Schmerzbehandlungen. „Man wird ihn wohl bis zum Schluss schmerzfrei halten können". Schluss? Bis zum Schluss? Sie bietet Chemotherapie und Bestrahlung an. Dies könne die Prognose um einige Monate verlängern. Wie viel, sei individuell verschieden, vielleicht drei Monate, vielleicht ein Jahr, vielleicht auch gar nicht. Die Entscheidung liegt bei uns. Wir müssen es nicht sofort entscheiden, aber in den nächsten vierzehn Tagen, wenn es noch etwas nutzen soll. Sie verschreibt Cortison, um das Ödem zum Abschwellen zu bringen. Es würde die Symptome vorübergehend verbessern.

Irgendwann gehen wir. Zurück zur Station. Ich weiß nicht, wie spät es ist. Gabriele und Yannick bleiben im Klinikum. Zur Beobachtung. Yannick wird an

Apparate angeschlossen, die seine Körperfunktionen überwachen und schon Alarm auslösen, wenn er sich zu sehr bewegt. Wir fühlen uns diesem medizinischen Apparat ausgeliefert, der tut, als bestände akute Lebensgefahr für unseren Sohn, sind benommen, unfähig, zu widersprechen.

Ich fahre nach Hause, versuche, den Mädchen keine Angst zu machen, sage ihnen nur, dass Yannick krank ist. Bringe sie schlafen. Aber ich muss es mitteilen, herausschreien. Alle müssen es wissen! Oder darf es keiner wissen? Ich kann doch niemandem eine solche Nachricht zumuten! Halte den Telefonhörer in der Hand. Ich bringe es nicht über mich, meine Eltern anzurufen. Schließlich rufe ich meine Schwester an. Sie als Ärztin muss doch wissen, wie man Todesurteile übermittelt. Sie meldet sich. Ich weiß nicht, wie ich es aussprechen, es über die Lippen bringen, meine Stimmbänder in Bewegung setzen soll. Sekunden, die wie Ewigkeiten scheinen, vergehen ohne ein Wort. Irgendwann dann doch, unter Tränen, schluchzend, berichte ich.

„Bitte ruf unsere Eltern an und wen du noch willst, ich kann es nicht". Bis ich den Mund aufmache, um Yannicks Diagnose mitzuteilen, war ich äußerlich ruhig, wie unter Schockstarre. Es ist, als ob erst das gesprochene Wort das Unvorstellbare wirklich werden lässt, als wenn eine fremde Stimme mir das Unfassbare mitteilt und ich es ungläubig anhöre.

Es wird spät. Ich stehe im Dunkeln am Fenster, schaue in den Nachthimmel, in das Nichts, in dieses schwarze Loch, das alles um mich herum aufsaugt. Ich bin mir sicher: wenn es so kommt, wie diese Ärzte es behauptet haben, werde ich die Kraft nicht haben, dies durchzustehen. Daran werde ich zerbrechen! Was erträgt ein Mensch? Welche Kraft kann man aufbringen? Was habe ich bisher schon tragen müssen: einige Schwierigkeiten und Unebenheiten im Beruf, keine Schicksalsschläge. Ich weiß nicht, wie das geht. Unmöglich! Nicht Yannick! Ich habe drei tolle Kinder und bei jedem dachte ich, mehr als dieses kann ich nicht mehr lieben. Das war so bei Mara und dann erneut bei Johanna. Und als ich dachte, alle meine Liebe sei verbraucht und gebunden, kam Yannick und bewies mir das Gegenteil, verkörperte meine Sehnsüchte, nicht erfüllten Kindheitsträume. Wenn er stirbt, sterbe ich mit.

3

Yannick war geplant. Gut geplant. Ein Wunschkind. Drei Jahre nach Johannas Geburt sollten es am besten sein. Bei der Wahl des Zeitpunkts spielte ein wenig der Gedanke mit, sich Gabrieles Krankenhaus-Job im hundert Kilometer entfernten Krefeld noch eine Weile zu sichern und von ihrem aktuellen Erziehungsurlaub direkt in den nächsten Mutterschutz zu gleiten. Nach der Geburt von Mara gab es gesetzlich erst eineinhalb Jahre Erziehungsurlaub, so dass der Abstand der beiden Töchter mit knapp neunzehn Monaten auch damals genau passte.

Wir zeugten Yannick in der Silvesternacht, nach einem ausgelassenen Jahreswechsel auf der Aachener Partymeile, während die Mädchen und ihre Großeltern, die für ein paar Tage zu Besuch waren, in den Nachbarzimmern ruhig schliefen. Das Jahr war erst zwei oder drei Stunden alt. Es war Neujahr, und es war Neumond, eine Nacht voller Kraft und Magie.

Knapp neun Monate später, wieder war Neumond und das Sternzeichen war zum Herbstanfang gerade zwei Stunden zuvor von Jungfrau zur Waage gewechselt, war Yannick da, am Nachmittag des dreiundzwanzigsten September, präzise zu dem Termin, für den er ausgerechnet worden war. Es war wieder ganz anders, als zuvor bei seinen Schwestern: Nicht wie bei Mara, die nach wochenlangem Klinikkaufenthalt, Warten und Zögern dann ganz langsam und nach durchkämpfter Nacht drei Wochen vor der Zeit kam. Nicht so ungestüm wie Johanna, die es kaum abwarten konnte, ans Licht der Welt zu stürmen und uns kaum die Zeit ließ, den Kreißsaal zu erreichen.

Yannick hielt sich an die verabredete Zeit und kam ganz unspektakulär. Gabriele hatte sich an diesem spätsommerlichen Nachmittag gerade erst bei Musik von Mozart in die Badewanne gelegt, als sie merkte, es sei doch vielleicht besser, ins Luisenhospital zu fahren. Lieber einmal umsonst, als zu spät. Die Nachbarn waren glücklicherweise da und konnten sich um die Mädchen kümmern. Es war dann doch gut, dass wir am Krankenhaus einen für Ärzte reservierten Parkplatz benutzten, sonst hätte es hektisch werden können. Zum ersten Mal durchschnitt ich einem meiner Kinder die Nabelschnur. Nicht dass es mich dazu gedrängt hätte, nein - mir wurde einfach die Schere in die Hand gedrückt. Ich trennte Yannick von seiner Mutter, übergab ihn der Welt, dem Dasein als eigener Mensch, als Individuum, das atmet und schreit – ja, da war der Schrei, mit dem er sich in der Welt anmeldete.

Eine Nacht sollte Gabriele nach der Entbindung mit Yannick im Krankenhaus bleiben. Es war also meine Aufgabe, den beiden Mädchen zu eröffnen, dass sie einen Bruder mit dem Namen Yannick bekommen haben. Gabriele und ich wussten schon seit mehr als einem halben Jahr, dass wir einen Sohn bekommen würden, nachdem Gabriele sich zu einer Fruchtwasseruntersuchung entschlossen hatte. Aber Mara und Johanna fielen aus allen Wolken. Für sie war es offenbar völlig selbstverständlich, dass sie eine Schwester bekämen. Sie hatten intensiv an den Geburtsvorbereitungen teilgenommen, waren in die Rolle der werdenden Mutter geschlüpft. Seit Wochen hatte vor allem Mara die schwangere Mutter gespielt, sich Stofftiere oder Kissen unter den Pullover gestopft und sich immer wieder das Schwangerschafts-Kinderbuch „Peter, Ida und Minimum" vorlesen lassen.

Was für eine Enttäuschung für die beiden.

„Ich will keinen Bruder, ich wollte eine Schwester!" Johanna brach in Tränen aus.

„Das geht nicht. Den kann man nicht mehr zurückgeben. Auch nicht umtauschen. Das ist, weil der Uli Jungenssamen hatte", erklärte Mara ihr.

Wir wissen nicht, wann und warum alle drei Kinder sich angewöhnt hatten, mich Uli zu nennen. Gabriele hieß immer Mama.

Ich stehe noch immer am dunklen Fenster, versuche, die Ungeheuerlichkeit des Geschehens zu erfassen. Doch jeder Versuch endet damit, dass meine Gedanken abgleiten, mich wegführen von dem Unfassbaren. Ein Gefühl der Unwirklichkeit, außerhalb der Realität zu stehen. Erinnerungen, Bilder, Gedankenfetzen, die wie Squashbälle an imaginären Wänden abprallen und ihre Richtung wechseln. Meine Brust zieht sich zusammen, bis ich kaum noch atmen kann. Dann wieder glaube ich, sie wird gleich bersten, meine Eingeweide zerreißen. Inzwischen ist am nächtlichen Himmel über unserem Haus der Mond aufgegangen, immer wieder verhüllt durch schwere dunkle Wolken, die sich vor ihn schieben. Ich versuche, sie mit der Kraft meines Willens beiseite zu drücken. Wenn die Wolken jetzt genau in dieser Minute den Mond freigeben, ist das das Zeichen des Himmels, dass Yannick wieder gesund wird. Ich weiß nicht, wie beten geht. Ich rufe Gott an, mit dem ich mich seit Jahrzehnten nicht beschäftigt habe, vielleicht gibt es ihn ja doch, ich flehe: „Wenn es dich gibt, bitte lass es nicht zu, lass mir meinen Sohn. Nimm mein Leben und schenke es Yannick. Wenn ich ihn retten kann, indem ich sterbe, so lass mich sterben."

Bis gestern verlief mein Leben in mehr oder weniger geordneten Bahnen, getragen von festen oder verfestigten Vorstellungen, Ansichten und Überzeugungen. Ein Linker, ein Idealist und Weltverbesserer, elektrisiert und inspiriert von der antiautoritären 68er-Bewegung, der gegen das gutbürgerliche Elternhaus und sein konservatives Gedankengut aufbegehrte. Auch gegen die formale Religiosität der Eltern. Es war ein Akt des Opponierens, als ich mit siebzehn Jahren gemeinsam mit meinem Bruder zum Amtsgericht ging, um unseren Austritt aus der Kirche zu erklären. Einer der größten Wutausbrüche unseres entsetzten Vaters war die Folge, als wir mit dieser Mitteilung nach Hause kamen.

Noch ein oder zwei Jahre zuvor hatte ich einen kurzen Abstecher in die Religiosität gemacht. Aber jetzt galten die Theorien der Marxisten und der Anarchisten: es gibt nur das, was sinnlich wahrnehmbar und wissenschaftlich beweisbar ist. Es gibt keinen Gott. Es gibt kein Leben nach dem Tod. Das alles ist nur der Versuch, die Menschen im Elend zu halten und auf ein Leben nach dem Tod zu vertrösten. Ich war stolz auf meinen Atheismus, begeistert von der knappen Beweisführung des Anarchisten Proudhon, dass es keinen Gott geben kann, überzeugt von der ausschließlichen Funktion der Religionen und des Glaubens, Ungerechtigkeiten in der Welt ertragbar zu machen und damit zu verlängern. Wofür Religionen, warum brauchen die Menschen imaginäre Welten und Vorstellungen, um ihre eigene Endlichkeit ertragen zu können?

Und doch war da immer eine große Ehrfurcht vor dem Leben. So differenziert arbeitende Organismen, Körper, Gefühls- und Gedankenwelten. Was für eine Perfektion, welch ein „Wunder". Aber ein Unfall, ein Schuss, ein Herzinfarkt konnte einen solch wundersamen Mechanismus zerstören, auslöschen, als hätte es ihn nie gegeben. Ehrfurcht vor dem Leben also, aber Sterben und Tod war kein Thema, es war schlicht das Ende. Schluss, Vorhang.

Nur wenige Ereignisse hatten mich bisher mit dem Tod in Berührung gebracht. Ein Bild aus frühen Kindheitstagen – so weit weg und so verschwommen, dass ich nicht sicher bin, ob es real ist oder ein Traum war: meine Geschwister und ich werden in ein Schlafzimmer auf einem großen Bauernhof geführt, wo eine verstorbene Familienangehörige aufgebahrt liegt. Wir sehen ihr Gesicht, verlassen so schnell wie möglich wieder den Raum. Jahre später in meiner Jugend verstarb urplötzlich eine Freundin meiner Schwester. Ich erinnere mich meiner Betroffenheit, habe – Jahre vor meiner atheistischen Wende – gebetet.

Der Tod gehört zu den Dingen, die anderen passieren. Er hatte bis jetzt keinen Bezug zu meinem Dasein, keinen Platz. Das Leben beschäftigte mich zur Genüge: Turbulenzen und Wechsel im Job, berufliche

Unsicherheiten. Erst seit drei Jahren befinde ich mich in ruhigerem Fahrwasser, habe mit einer unbefristeten Stelle im öffentlichen Dienst, sogar in leitender Funktion, die existenziellen Sorgen endlich hinter mir gelassen. Es war besser ausgegangen, als ich erwarten konnte. Normalität und Alltag war eingekehrt in unsere Kleinfamilie mit Eigenheim auf kleiner Scholle. Der hundert Quadratmeter große Garten, dessen Pflege und Gestaltung zu meiner neuen Passion wurde, Urlaube im Süden, Krabbelgruppe, Kinderladen, Schule, Freunde, Kindergeburtstage, Ausflüge und viel Energie im Job. Das Leben war verdächtig nah der kleinbürgerlichen Idylle, die ich über Jahrzehnte verspottet hatte. Wie viele andere auch fanden wir nach bewegter Studentenzeit, gesellschaftlicher und politischer Opposition, Lebensexperimenten in Wohngemeinschaften und Selbsterfahrungsgruppen zu einer zumindest äußerlichen „Normalität". War das jetzt Glück? Nicht mehr als die anderen Lebensphasen.

Wie zerbrechlich war dieser Zustand? Es gab immer wieder Momente, da blitzte der Gedanke auf: Was ist, wenn irgendein Ereignis diesen Zustand zerstört? In Momenten von Unzufriedenheit über die Einschränkungen dieses Lebens und dem Nachtrauern der „wilden Jahre" der Gedanke: „Ich habe drei tolle und gesunde Kinder! Das ist nicht selbstverständlich und – bleibt es so?" Aber warum sollte gerade uns oder unseren Kindern etwas passieren?

Vor zwei Jahren die plötzliche drastische Begegnung mit dem Tod. Ich fand Georg, den Vater von Maras bester Freundin Jana, tot in seiner Wohnung auf. Jana wohnte an Maras Schulweg und die beiden gingen im ersten Schuljahr jeden Morgen von dort zu zweit weiter zur Schule. Abwechselnd mit Gabriele begleitete ich Mara bis dorthin, wo Jana meistens schon mit dem Ranzen auf dem Rücken an der Haustür wartete. Es war ein klarer, kalter Morgen im Februar, als wir Jana und ihren kleinen Bruder Joshua halb angezogen und verstört in der Haustür stehend vorfanden und sie sagten, ihr Vater läge auf dem Boden und würde nicht aufwachen. Ich ging in die Wohnung, sah Georg auf dem Boden vor dem Sofa liegen, hielt eine Hand an seinen Hals: kalt, kein Puls. Angst, Panik, ich klingelte bei den im Obergeschoss wohnenden Nachbarn, rief hinauf: „Ruft einen Notarzt, kümmert euch um die Kinder!" Gabriele sagte später, in dem Moment, als ich sie anrief, habe sie sofort gewusst, dass Georg tot sei. Es gab keine Möglichkeit, sich davonzustehlen: wir mussten die getrennt lebende Frau benachrichtigen, die beiden Kinder unterbringen, helfen, beistehen. Zum ersten Mal ging ich zu einer Trauerfeier und Beerdigung.

Erst vor wenigen Tagen noch dachte ich darüber nach, wie viele meiner Freunde und Bekannten schon gestorben sind. Waren es fünfzehn oder achtzehn? Erschreckend viele, alle mehr oder weniger in meinem Alter. Mein Bekanntenkreis unter den Toten wird immer größer. Zuletzt starb ein guter alter Bekannter und

Weggefährte auf einer Wanderung in Gomera an einem Herzinfarkt. Wie schon bei allen Toten aus meinem Umfeld zuvor - Georg blieb die einzige Ausnahme - ging ich nicht zur Trauerfeier, ging der Konfrontation mit dem Thema Tod aus dem Weg und auch den Trauernden, in der Angst, mich ihnen gegenüber nicht richtig zu verhalten.

Aber das beängstigende Gefühl, dass der Tod Tuchfühlung aufgenommen hat, wuchs weiter: wenn er so häufig zuschlägt, kann er jederzeit auch uns treffen. Ich schob den Gedanken zur Seite: schließlich sind noch nicht einmal die Omas und Opas unserer Kinder gestorben. Aber vielleicht ahnte ich bereits, dass der nächste Einschlag bei uns sein würde, das Unvorstellbare Realität werden würde. Es war, als hätte der Tod uns langsam eingekreist, um nun gnadenlos zuzuschlagen.

4

Ich weiß nicht, wie lange ich jetzt schon am Fenster stehe und in die Nacht hinausschaue, die scheinbar immer dunkler wird. Die Wolken am Himmel wollen den Mond nicht freigeben, so sehr ich sie auch beschwöre. Vielleicht ist es eine Fehldiagnose. Oder es gibt Therapien, von denen man uns nichts erzählt hat. Hoffnung. Dann erneut Tränen. Ein unendlicher innerer Schrei: „nein!!!" Irgendwann schlafe ich ein.

Am nächsten Morgen dauert es lange, bis ich unterscheiden kann, halte es erst für einen Albtraum in der Nacht. Erschrecke: der Albtraum geht weiter, es gibt kein Erwachen. Ich mache das Frühstück, schicke die Mädchen zur Schule, unfähig, ihnen die Wahrheit zu sagen, fahre in mein Büro, um den Schreibtisch aufzuräumen und Kollegen, Mitarbeiter und Vorgesetzte zu informieren. An Arbeit ist nicht zu denken. Wie klein, unbedeutend, Lichtjahre entfernt sind die Themen und Probleme, um die ich bis gestern noch leidenschaftlich gerungen habe.

Auf den Straßen sind Menschen unterwegs, für die sich die Welt normal dreht, an einem normalen Arbeitstag. Ich bin plötzlich ein Fremder in dieser Welt, falle heraus, falle ins Bodenlose. Die Frühlingssonne scheint, ich bemerke links und rechts der Schnellstraße einen ersten grünen Hauch auf den Sträuchern. Was für ein Hohn: da bricht Leben hervor!

Zur gewohnten Zeit parke ich vor dem Rathaus, in dem ich seit fast vier Jahren arbeite. Es wirkt fremd, als ich hineingehe. Ich begebe mich nicht zu meinem Arbeitsplatz, sondern direkt in die erste Etage zum Bürgermeister. Gehe wortlos an der Sekretärin im Vorzimmer vorbei. Als ich sein Büro betrete, steht er auf, kommt auf mich zu. Irgendjemand hat ihn über die Diagnose „Hirntumor" schon informiert. Über die tödliche Variante natürlich nicht.

„Mein Sohn hat einen nicht operierbaren Hirntumor. Er hat nur noch wenige Monate zu leben." Was kommen da für Worte aus meinem Mund? Wie schon gestern Abend am Telefon: Worte wie die Brecher des Ozeans, die mich umwerfen, herumwirbeln, auf den Boden schleudern, am tiefsten Grund entlang schleifen, mir die Orientierung, das Gefühl von Zeit und Raum nehmen. Tränen schießen mir ins Gesicht. Schnell raus hier. Es bleibt nur ein Händedruck. Die Fassung wiedererlangen.

„Ich weiß nicht, wie und wann ich in der nächsten Zeit werde arbeiten können" schaffe ich noch zu sagen.

„Ihre private Situation geht vor. Manchmal hilft es vielleicht, bei der Arbeit Abstand und Kraft zu finden. Ansonsten werden wir das auffangen und Lösungen finden." Er bietet mir jede Hilfe, Entgegenkommen und Verständnis an.

Ich schließe mein Büro auf. Angst, die gleichen Worte wieder sagen zu müssen. Will sie nicht jedem Einzelnen gegenüber wiederholen. Will aber auch nicht, dass meine Mitarbeiter es über Dritte und über Hörensagen erfahren. Bestelle deshalb alle in mein Büro. Ich ordne einiges, regele ein paar Dinge, räume auf, oder sitze einfach nur da. Dann kommen sie, stehen in meinem kleinen Dienstzimmer. Wie gut, dass der Schreibtisch uns trennt, ich mich hinter ihm verschanzen kann. Ich versuche, die zwei Sätze herauszubringen. Verunglücke. Schaffe nicht einmal den ersten, setze noch einmal an. Bringe sie schließlich irgendwie zu Ende. Zehn ratlose, erschreckte Gesichter, ihren Chef als tränenüberströmtes Gegenüber erlebend. Ich bin froh, als sie raus sind, verlasse das Rathaus fluchtartig.

Die Solidarität von Kollegen und Vorgesetzten überrascht mich, rührt an. War es bis dahin oftmals ein Kampf um Positionen und Einfluss, so war jetzt jeder bereit, meinen Ausfall auszugleichen, aufzufangen, mich freizustellen. Auch mein direkter Vorgesetzter, selber Vater von vier kleinen Söhnen, ist sichtlich betroffen, lässt mir alle Freiheiten.

Mein Angebot später, auf Teilzeit zu gehen, wird vom Bürgermeister abgelehnt. Er wolle es anders regeln. Irgendwann würden sich die Fehlzeiten wieder ausgleichen lassen. Er, gläubiger Katholik, rät mir zu einem Gang nach Lourdes, zusammen mit Yannick. Ich bin ihm unendlich dankbar für seine Reaktion, seine Haltung.

Es sollte mir in den nächsten Wochen immer wieder so gehen, dass ich beim Aussprechen von Yannicks Diagnose jede Fassung verliere, in Tränen versinke. Jedes Mal überfällt es mich wieder neu, reißen mich meine Worte weg, besonders wenn ich nicht damit rechne. Wie bei meinem Hausarzt, von dem ich nichts weiter als eine möglichst lange Arbeitsunfähigkeitsbescheinigung haben will. Er hat selber zwei oder drei Söhne. Fotos von ihnen und ihre selbstgemalten Bilder hängen in den Praxisräumen.

„Sie sind in den nächsten Monaten Sterbebegleiter Ihres Sohnes" gibt er mir auf den Weg. Ich sehe ihn entsetzt und verständnislos an. Nein, Yannick darf nicht sterben und er wird nicht sterben, denke ich, ohne es auszusprechen.

Vom Rathaus fahre ich direkt ins Klinikum. Yannick rennt in meine Arme, als ich das Krankenzimmer betrete. Er ist heute viereinhalb Jahre alt geworden, stolz wie Oskar: nicht vier Jahre, sondern jetzt viereinhalb! Wir gehen hinaus in die Sonne, auf den Vorplatz zum Eiswagen.

„Der Frühling kommt" stelle ich fest,

„dann zirpen die Grillen" sagt Yannick,

„und die Vögel zwitschern" sage ich,

„und die Heupferdchen hüpfen" ergänzt er.

Gabriele erzählt von einer unruhigen Nacht. Die Apparate, Anschlüsse, Verkabelungen haben beide kaum schlafen lassen. Warum diese Überwachung mit der geballten Technik? Ist er etwa in akuter Lebensgefahr? Was soll das?

„Das ist der Super-Gau". Gabriele wollte den Pfleger – oder war es ein Assistenzarzt – noch einmal auf diese zynische Bemerkung heute in einem der Aufzüge ansprechen, doch sie tat es dann doch nicht. Was wollen wir hier überhaupt? Ich will raus! Die haben doch selbst gesagt, sie können für Yannick nichts tun! Ich bestehe darauf, heute noch nach Hause zu gehen. Und morgen werden wir zusammen nach s'Heerenberg am Niederrhein fahren zum „Wunderheiler". Er wird das schaffen, was die Apparatemedizin nicht kann: Yannick helfen. Yannick heilen. Die Schulmedizin hat die Segel gestrichen, unseren Sohn aufgegeben. Soll sie! Wir nicht. Ich nicht. Yannick darf nicht sterben! Er lebt und lacht und man sieht ihm praktisch keine Beeinträchtigung an. Ein toller, lebhafter, lustiger, unglaublich süßer, auf den ersten Blick völlig gesunder Junge. Ein Sonnenschein. Mein Sonnenschein. Dass er eine tödliche Krankheit in sich tragen soll, kann ich nicht akzeptieren, will ich nicht akzeptieren, will ich nicht wahrhaben. Zeigen wir es ihnen! Zeigen wir es allen! Er wird leben und den Apparatemedizinern eine lange Nase drehen.

„Ich freue mich aller meiner Zeiten" verkündet Yannick beim Verlassen des Klinikums.

Erst später weint er: „ich will nach Hause".

„Du bist doch hier zu Hause, bei Uli, Mara, Johanna und mir", versucht Gabriele ihn zu beruhigen.

„Ich will in deinen Bauch".

Wir melden Mara und Johanna für diesen Freitag von der Schule ab und machen uns auf den Weg ins fast zweihundert Kilometer entfernte holländische s'Heerenberg am Niederrhein.

5

Alles ist für eine erfolgreiche Schlacht um Yannicks Leben in wunderbarster Weise gefügt. Gabriele ist selbst Ärztin, mit einiger Skepsis gegenüber der Schulmedizin und Offenheit für alternative Heilformen, ihr Vater emeritierter Professor für Kinderheilkunde mit dem Fachgebiet Neurologie und den besten Kontakten zu den wissenschaftlichen Größen auf diesem Gebiet. Sein Wissen und seine Beziehungen würden uns helfen, ein tieferes Verständnis für die Krankheit und vielleicht auch Wege für Therapien zu entwickeln. Der Gedanke daran, dass es auch umgekehrt sein könnte, kommt uns nicht in den Sinn: dass der Opa und Professor am Ende seiner beruflichen Laufbahn womöglich hilflos würde mit ansehen müssen, wie seine Medizin an seinem eigenen und einzigen Enkelsohn versagt.

Wir hatten in den vergangenen Jahren immer wieder Berührung mit alternativen Heilformen. Da können wir anknüpfen. Ganz sicher war es kein Zufall, dass ich vor zehn Jahren die Erfahrung mit diesem „Wunderheiler", einem „Magnetiseur" machte. Eigentlich ist es eine ganze Familie, gemeinsam praktizierend, alle mit ähnlichen Heilkräften: der inzwischen sehr alte Vater und seine beiden Söhne. Durch Handauflegen heilte einer der Söhne damals meine zuvor zwanzig Jahre lang erfolglos bekämpfte Gesichtsakne. Es hat ein Selbstversuch sein sollen, um bei größeren

Krankheiten eines Tages zu wissen, dass es Möglichkeiten jenseits der Schulmedizin geben würde. Jetzt habe ich keinen Zweifel, dass ich diese Erfahrung damals für heute gemacht habe.

Und so sitzen wir schon am Tag nach der Klinikentlassung und nur zwei Tage nach der tödlichen Diagnose mit der ganzen Familie in unserem Van auf dem Weg zu diesem Heiler. Es ist der Auftakt eines Kampfes um Yannicks Leben, in dem wir alles, was jenseits der Schulmedizin existiert und hilfreich erscheint, mobilisieren wollen. Es gibt andere, stärkere Mächte als die Weißkittel und ihren technokratischen Apparat. Davon sind wir überzeugt

Die neuen Praxisräume der Heilerfamilie C. liegen direkt hinter der holländischen Grenze in einem Gewerbegebiet von s'Heerenberg. Ein nüchterner Zweckbau, in dem es eher wie in einem Kontor, als nach Arztpraxis aussieht. Wir zahlen einen geringen pauschalen Behandlungsbeitrag und erhalten wie alle anderen Patienten eine Nummer, nach der der Reihe nach aufgerufen wird. Im Behandlungszimmer läuft ein Radio, es geht etwas hektisch zu. Der Heiler, ein kräftiger Mann mittleren Alters, immer eine humorvolle Bemerkung auf den Lippen, fragt kurz nach dem Grund für den Behandlungswunsch. Nur um zu wissen, wo er die Hand auflegen muss. Als wir Hirntumor sagen, ist er betroffen, behandelt Yannick intensiver und einmal öfter als die üblichen drei Durchgänge. Er rät uns, häufiger und regelmäßig zu kommen. Nicht ganz einfach bei dieser Entfernung.

Wieder zu Hause verlieren wir keinen Tag, keine Stunde. Noch am Wochenende planen wir unseren Feldzug generalstabsmäßig. Welche Therapien gibt es, was weiß man über diese Art des Hirntumors, wo gibt es Erfahrungen, wer kann uns helfen? Wir haben seit wenigen Wochen erstmals einen Internetanschluss. Auch das kann kein Zufall sein. Jeden Abend, wenn die Kinder im Bett sind, recherchieren, planen und telefonieren wir. Wir durchstöbern die wissenschaftliche und die nicht wissenschaftliche Literatur, tragen Berge von Erkenntnissen und Informationen zusammen, legen Listen und Diagramme an, um den Überblick zu behalten. Sortieren alles in einen gelben Ordner, auf den wir eine Sonne malen. Gabrieles Vater vermittelt den Kontakt zu Professoren in Heidelberg, Würzburg, Göttingen. Wir nehmen Kontakt zu ihnen auf, fragen nach neuen Therapieansätzen, Forschungsergebnissen. Offenbar sind in der Literatur genau zwei Fälle einer Heilung des Ponsgliom dokumentiert. Man weiß nicht, wodurch die Kinder geheilt wurden, aber dass es diese Fälle gab, gibt uns Hoffnung, nein Gewissheit: Yannick wird der dritte Fall! Es ist nichts verloren, wir werden diesen Kampf gewinnen.

Was ist das überhaupt für ein Tumor? Ich lerne, dass er eigentlich „gutartig" ist, das heißt, keine Metastasen bildet, im Hirnstamm wächst und ihn faserartig durchdringt. Weil er die lebenswichtigen Funktionen wie Atmung und Muskulatur steuert, kann am Hirnstamm nicht operiert werden. So bringt der Tumor diese Funktionen irgendwann zum Erliegen, was erst zu Lähmungen und dann zum Tod führt.

Gibt es Ursachen für diesen Tumor? Es muss doch Ursachen geben! Warum hat Yannick dieses extrem seltene Ponsgliom und andere nicht? Niemand kann uns dazu etwas sagen, nirgendwo ist etwas zu lesen. Offenbar weiß auch die Wissenschaft keine Antwort. Also beginnen die Spekulationen, Vermutungen. Ich erinnere mich an den Treppensturz, als Yannick im Alter von nur einer Woche die steile Treppe vom Obergeschoss heruntergekugelt ist, nachdem Gabriele der Tragekorb an dem Kindersicherungsgitter hängengeblieben ist. Yannick war damals im Klinikum zur Beobachtung. Es war ein leichter Schädelbruch festgestellt worden. Hat der Tumor womöglich hier seinen Ursprung? Oder haben besonders schädliche Einflüsse in unserem Haus damit zu tun? Wir lassen einen Wünschelrutengänger aus Köln kommen, der zwei Wasseradern unter dem Haus feststellt und uns Abschirmmatten verkauft, die, unter die Matratzen gelegt, die ungünstigen Strahlungen abhalten sollen. Dann kaufen wir einen Bausatz, mit dem man nachts die Stromnetze im Haus ausschalten kann, um elektromagnetische Strahlungen zu vermindern. Aber wir kommen nie dazu, ihn auch einzubauen.

Es ist schwer, sich angesichts der unendlich scheinenden Therapieansätze und Theorien im Kosmos der alternativen Heilmethoden zurechtzufinden, eine realistische Auswahl zu treffen. Am liebsten würde ich

Yannick zu allen Heilern der Welt bringen und alle Therapien, die die Menschheit je hervorgebracht hat, an ihm anwenden. Was kann am ehesten helfen? Jedes Mal, wenn wir einen Ansatz verwerfen, bleiben quälende Zweifel, ob es nicht vielleicht genau das ist, was ihn heilen, was die Wende bringen würde. Jede kleine Entscheidung kann zu einer über Leben und Tod werden. Die Verantwortung, die wir tragen, ist eine erdrückende Last.

Eine Freundin erzählt von Reiki. Direkt für den nächsten Tag organisiert sie mir eine Einführung bei einem Reiki-Meister im fünfzig Kilometer entfernten Lüttich. Ich werde Yannick ab sofort täglich mit Reiki behandeln. Hoffentlich lässt er es zu, dass ich ihm so oft und lange die Hand auflege. Ich erkläre ihm, er solle sich vorstellen, dass durch die aufgelegten Hände der Tumor wie ein Eisblock in der Sonne weggeschmolzen werden könne. „Tu die Hände weg, da muss die Sonne hinscheinen" reagiert er daraufhin einige Tage später empört, als ich ihm draußen bei Sonnenschein die Hände auflegen will.

Am Tag darauf ermöglicht uns Dr. J., ein niedergelassener Arzt, von dem wir zuvor noch nie gehört haben, auf Vermittlung anderer Freunde eine kurzfristig angesetzte Visite. Er behandelt ausschließlich mit seinen geistigen Kräften. Wir sitzen ihm mit Yannick auf dem Schoß gegenüber und lesen aus einem Buch vor, während Dr. J. die Augen schließt und sich ganz auf unseren Sohn konzentriert. Nach etwa zwanzig Minuten der meditativen Konzentration berichtet er uns von den Bildern, die er gesehen hat. In den nächsten Monaten suchen wir diesen Arzt immer wieder auf, manchmal sogar zweimal wöchentlich. Yannick amüsiert sich über den „Mann, der schläft". Aber er mag die Besuche bei ihm, auch weil ihm anschließend ein Besuch in der Eisdiele unten in der Fußgängerzone sicher ist und weil es ihm gefällt, dort mit dem Eis in der Hand die Spielzüge der meist älteren Kurgäste zu verfolgen, die mit überdimensionalen Figuren auf dem in das Pflaster eingelassenen Schachbrett spielen.

Noch am selben Abend sind wir auf Vermittlung wieder anderer Bekannter bei einer Gruppe zu Gast, die nach den Lehren von Bruno Gröning geistige Heilkräfte mobilisieren will. Aber während des Treffens rufen unsere Baby-Sitter an, bitten uns, sofort zurückzukommen, da die drei Kinder nicht einschlafen, weinen und nach uns rufen. Die Gruppe lädt uns ein, wiederzukommen. Aber vielleicht ist der Hilferuf von zu Hause ein Zeichen. Es bleibt bei dem einen Treffen.

Man hat nicht mit unserem Kommen gerechnet, als wir zum Elternabend im Kinderladen auftauchen. Seit mehr als fünf Jahren sind wir diesem ältesten Kinderladen der Stadt, einer Elterninitiative, verbunden. Gerade noch feierte er sein fünfundzwanzigjähriges Jubiläum, klein mit nur einer Gruppe, in der Tradition der antiautoritären Erziehung. Erst war Mara dort, ein Jahr später auch Johanna, jetzt Yannick. Unzählige Elternabende haben wir hier verbracht, große und kleine

Probleme gewälzt, Kinder, Eltern und Erzieher kommen und gehen sehen, gemeinsam renoviert und Feste gefeiert. Jetzt sitzen uns die Eltern und Erzieher sprachlos gegenüber, als wir, selber immer wieder die Fassung verlierend, die Tränen in den Augen unserer Gegenüber sehend, von der Diagnose und unserem Befinden berichten, unsere Vorstandsämter niederlegen und alle bitten, mit uns in Kontakt zu bleiben, in unserer und Yannicks Welt weiter da zu sein. Wie uns erst viel später erzählt wird, war es für sie unfassbar, dass wir sie an die Hand nahmen und ihnen eine Brücke zu uns bauten, anstatt anders herum.

Die Nachricht von der Krankheit unseres Sohnes hat sich innerhalb von Tagen, ja von Stunden verbreitet. Freunde, Nachbarn, nahe und ferne Bekannte melden sich, bieten Hilfe an. Andere dagegen, von denen wir meinten, sie gehörten zu unseren besten und verlässlichsten Freunden, bleiben weg, tauchen ab. Meine Arbeitskollegen schreiben Yannick, den sie gar nicht kennen, einen Brief und schicken ihm ein Buch. Meine Mutter schickt ein heilendes Saftkonzentrat und erzählt Yannick in einem langen handgeschriebenen Brief eine Geschichte dazu. Briefe erreichen uns, die Betroffenheit und Mitgefühl ausdrücken, versuchen, Trost und Solidarität zu spenden, oft von Menschen geschrieben, von denen wir es am wenigsten erwartet haben. An vielen Orten werden Kerzen für Yannick angezündet, werden wir in Gebete eingeschlossen. Die emotionale Anteilnahme überwältigt uns. Die Nachbarstochter Sarah, die oft unsere drei Kinder „gesittet" hat, erzählt von einem Traum den sie vier Mal hintereinander hatte: sie läuft mit Yannick an der Hand in der Sonne am Strand von Portugal entlang.

Wir laden alle ein, zu kommen, wann immer sie wollen, mit uns zu reden, auf uns zuzugehen, halten das Haus offen, haben das Gefühl, ohne den Halt von Menschen um uns herum haben wir keine Chance, diese Zeit zu überleben.

Viele unserer Bekannten erzählen uns auf einmal, dass sie sich auf die unterschiedlichste Weise mit alternativen Heilmethoden oder auch geistigen Dingen beschäftigen und auch selber schon die verschiedensten Erfahrungen damit gemacht haben. Urplötzlich eröffnet sich uns eine spirituelle Welt selbst in unserem nächsten Umfeld, die wir nie zuvor wahrgenommen haben. Ein Wissen und ein Erfahrungsschatz, den jeder unter anderen Umständen für sich behalten hätte angesichts der mangelnden Akzeptanz hierfür in der äußeren Welt.

6

Alle Abende sind angefüllt mit der Organisation unseres Kampfes gegen den Tumor. Tagsüber haben die Besuche bei Therapeuten und Heilern und das Verabreichen von Medikamenten Vorrang vor allem anderen. Aber es bleibt immer noch Zeit, die wir mit

Yannick verbringen können, vor allem am Vormittag, wenn die Mädchen in der Schule sind. Ich arbeite noch nicht wieder und auch Yannick ist meistens zu Hause, lässt sich nur selten überreden, in den Kinderladen zu gehen, zum ersten Mal zwei Wochen nach der Diagnose.

Yannick liebt den Wald. „In den finsteren" oder „in den düsteren Wald", sagt er immer auf die Frage, was wir machen sollen. Mara und Johanna können wir seltener zu Waldspaziergängen bewegen. Er aber liebt es, im Wald riesige Stöcke, beinahe sind es schon Stämme, schlörrend und kratzend hinter sich herzuziehen, während ich mich mit dem Problem beschäftigen muss, wie ich sie wieder alle im Auto verstauen kann. Inzwischen stapeln sie sich in unserem kleinen Gärtchen.

An einem Vormittag mitten in der Woche bin ich mit Yannick allein auf dem breiten Forstweg, auf dessen linker Seite ein Buchenwald mit einem ersten grünen Schimmer den Frühling ankündigt, während der Fichtenwald auf anderen Seite kaum Licht durchlässt. Der Himmel ist bedeckt und die Luft noch kühl und moderig, die Zweige klappern im Wind, in den Spitzen der Fichten rauscht es. Yannick ist, wie meistens auf unseren Spaziergängen, vorausgerannt und hinter der nächsten Wegbiegung verschwunden. „Haaaalloo" ruft er irgendwann, um sich zu vergewissern, dass ich noch in der Nähe bin. Dann taucht er wieder auf in seinem dunkelgrauen Winteranorak, der, wie viele der

Kindersachen, auf Zuwachs gekauft wurde und dem Jungen viel zu groß ist. Wird er je hineinwachsen?

Wir gehen zusammen auf einem schmalen, kaum erkennbaren Pfad tiefer in den Wald hinein. Yannick ist fasziniert von vielen noch stehenden, aber schon abgestorbenen Bäumen, meist dünne Birken, aus deren Stämmen Pilzkulturen wachsen. Er versucht, die Pilze mit seinem Stock abzuschlagen. Kein Ruf des Kuckucks oder Klopfen des Spechtes wird von Yannick überhört. Ich kann mich fest darauf verlassen, dass er mich auf alles, was es zu sehen und zu hören gibt, aufmerksam macht.

„Was machen wir, wenn wir uns verlaufen?" frage ich Yannick.

„Oh, dann helf ich dir", spricht er mir Mut zu und lacht.

Am Morgen eines anderen Tages fahre ich mit Yannick in die Stadt. Wir wollen unsere alten Eichenstühle abholen, die trotz wiederholten Leimens immer wieder aus den Fugen gingen und die wir bei einer Arbeitsloseninitiative hofften, preisgünstig und mit caritativem Anspruch reparieren lassen zu können. Preisgünstig ist es zwar am Ende, aber dafür wenig fachmännisch, wie wir beim Anblick von aufgeschraubten Stahlwinkeln konsterniert feststellen müssen. Aber erst einmal stehen wir vor verschlossenen Türen, als wir am Morgen gegen zehn Uhr an der Werkstatt eintreffen. Wir sind schon unverrichteter Sache im Auto auf dem Weg nach Hause, als er an der Straße einen Kaugummiautomaten sieht.

„Von meinem Geld", will er mich veranlassen, anzuhalten und einen zu ziehen.

„Was hälst du von einem Kakao mit Sahne im Café Kittel?" mache ich einen Gegenvorschlag.

„Oh ja", stimmt er zu. Wir parken etwas oberhalb des Cafés. Yannick rennt mir voraus die Straße hinunter, die Arme wild schlenkernd. Die Stufe zur Tür hinauf – zu! Erst ab zehn Uhr ist geöffnet, also in wenigen Minuten. Als der Kellner uns vor dem Fenster stehen sieht, schließt er auf und lässt uns herein. Wir setzen uns an eines der vorderen alten Bistrotischchen, von dem aus wir durch das große Fenster auf die Straße sehen können. Yannick ist mit mir der erste Gast des Tages! Die Vorstellung berauscht ihn sichtlich, und er genießt diesen Morgen, schäkernd, stolz, voller Freude darüber, mit mir hier zu sein. Er bekommt seinen Kakao und ein Ei – er liebt Eier - und ich den Rest des „Studentenfrühstücks" - ein belegtes Brötchen.

Die meiste Zeit aber verbringen wir Zuhause, vorlesend oder spielend, sind im Garten, auf der Straße, versuchen Alltag und Familienleben aufrecht zu erhalten. Yannick holt eines seiner Lieblingsbücher, klettert mir auf den Schoß und lässt sich vorlesen. Lange waren es die Dinosaurierbücher. Selbst die eher wissenschaftlichen Ausführungen lässt er sich immer wieder vorlesen, kennt jede der vielen Dino-Arten mit ihrem

meist komplizierten Namen, weiß, in welcher erdge-
schichtlichen Epoche sie gelebt haben, wie groß sie
waren, ob Fleisch- oder Pflanzenfresser. Bei Kinder-
büchern mit Dinos steigt seine Erregung und Vorfreude ins Unermessliche, je näher der Moment
kommt, in dem der unvermeidliche Tyrannosaurus
Rex auftaucht.

Im Garten lässt Yannick mich an den Blumen riechen, macht mich auf die Vögel im Baum, die Libellen
über dem Gartenteich aufmerksam, beobachtet die
Natur um sich herum. Er ist kein Schönwetterkind,
sondern liebt alle Arten des Wetters, auch den Wind,
den Regen. Wenn der Regen warm ist, geht er in den
Garten und lässt sich, das Gesicht zum Himmel, das
Wasser über den Kopf laufen. Wenn es im Winter
schneit, versucht er, die Schneeflocken mit dem Mund
aufzufangen. Er denkt über die Natur und die Umwelt
nach. „Die Windräder machen den Himmel blau"
stellt er einmal fest. Irgendwann hatten wir einmal darüber gesprochen, warum Windräder, die Yannick seit
seinen ersten Sprechversuchen „Yam-Yam" nennt,
gebaut werden.

Oft zeichnet Yannick: Dinosaurier, einen Wal, eine
Katze, andere Tiere. Manchmal auch sehr bizarre
Zeichnungen, wie einen „toten Mann im Sarg mit
Pimmel und Hodensack", wie er das Bild nennt. Den
toten Mann hat er mit Lachmund gezeichnet.

Oder er nimmt sich seinen kleinen bunten tragba-
ren Kinderkassettenrecorder, den er letztes Jahr zum
Geburtstag bekommen hat und animiert alle zur Party,

wie eines Nachmittags, als er im Wohnzimmer steht, unter den rechten Arm seine „Mausi" geklemmt, in der anderen Hand den Kassettenrecorder. Seine Lieblingskassette ist eingelegt, Lautstärke auf Anschlag. Eigentlich hat er nur eine Kassette, aber was heißt hier „nur", er hat „*Die* Kassette": Der Rock´n Roll „a one - a two - a one two three four - Schokolade, Schokolade…" läuft, er stampft mit den Füßen im Takt, tanzt wie ein Derwisch. Als er noch nicht krank war, nahm er mich an beiden Händen, und ich musste mich im Kreis drehen, während er wild um mich herumsprang. Das Lied ist zu Ende, Mausi fliegt auf den Boden, er setzt sich hin, spult zurück, drückt auf Start. Immer wieder: Rücklauf, Start. Mara und Johanna sind jetzt mit dabei, über das Mikrophon wird mitgesungen, niemand kann sich entziehen mitzumachen, mitzutanzen, mitzusingen, Rasseln und Instrumente herauszuholen. Dann die anderen Lieder der Kassette: Benjamin Blümchen, bei dem alle zusammen das „Torööö" grölen und die Elefantenpantomime machen: eine Hand an der Nase, den anderen Arm als Rüssel hindurchgesteckt. Erst der gedeckte Tisch nebenan in unserer kleinen Küche kann den Kassettenrekorder zum Verstummen bringen und Mausi wieder unter den Arm. Sie findet auf Yannicks Stuhl noch neben ihm Platz, wenn er ein wenig an den Rand rückt.

An unserem großen ovalen Küchentisch aus massiver Kiefer spielt sich ein großer Teil des Familienlebens ab. Nur durch die Küche sind alle anderen Räume des Hauses erreichbar. Mein Platz ist auf der

Holzbank, die links der Eingangstür an der Wand steht. Jedes der Kinder hat einen Tripp-Trapp-Kinderstuhl. Ich genieße es, wenn Yannick von seinem Stuhl auf die Bank herüberkrabbelt und auf meine Schultern klettert. Ich spüre ihn im Nacken, seinen Atem in meinem Haar. Dann setzt er sich auf meinen Schoß und ich habe seinen Blondschopf mit diesem charakteristischen asymmetrischen Haarwirbel am rechten Hinterkopf vor meinen Augen. Während oder nach dem Essen macht sich Yannick einen Spaß daraus, zu Mara und Johanna, gelegentlich auch zu uns Erwachsenen zu gehen und ihnen ins Ohr zu rülpsen. Damit es besser klappt, nimmt er vorher extra noch einen Schluck Mineralwasser. Oder er kommt und ruft „riech mal", wenn er mal wieder stinkend gepupst hat und hält uns seinen Po vor die Nase, lacht, amüsiert sich.

Seit der Diagnose setze ich alles daran, jeden Augenblick, jede Situation festzuhalten, zu dokumentieren. Die Videokamera und die Fotokamera liegen immer in der Nähe. Yannick mag es nicht, gefilmt zu werden. „Das geht zu weit", bekomme ich dann einen seiner beliebtesten Sprüche zu hören. Das Fotografieren toleriert er eher. Als er mir gegenüber am Küchentisch sitzt, entsteht eine Serie von Fotos seiner Augen, dieser großen, tiefen, leuchtenden, bunten Augen, die hoffentlich nicht erlöschen, so lange ich lebe.

Unser Familienausflug zu dem Heiler am Niederrhein ist eine Woche her, als ich mich mit Yannick erneut zu ihm auf den Weg mache. Diesmal mit der

Bahn. Yannick liebt Eisenbahnen und ist jedes Mal ganz aufgeregt, wenn er unterwegs einen Zug sieht. Es war für ihn das Größte, im vergangenen Jahr mit dem ICE nach München zu fahren (und dort auch noch mit der U-Bahn). Aber auch Straßenbahnen haben schon früh sein Interesse geweckt. Eine kleine Spielzeugstraßenbahn komplettiert seit Kurzem seinen Fuhrpark. Während unserer heutigen Fahrt beobachten wir das Geschehen in den Bahnhöfen und auf den Bahngeländen, machen uns gegenseitig auf die Rangierloks und Güterzüge, Doppelstockzüge und ICEs aufmerksam. Yannick genießt die Bahnreise und ich seine Nähe.

„Der macht mir den Kopf kaputt. Und außerdem unser Haus", stellt Yannick nach der Behandlung durch den Heiler fest, als wir vor der Praxis an der schattenlosen Straße in der schon heißen Frühlingssonne stehen und auf das Taxi warten, das uns hoffentlich noch rechtzeitig vor der Abfahrt des Zuges zum Emmericher Bahnhof bringen soll. Später berichtet Gabriele, dass sie es fast zweihundert Kilometer entfernt zuhause deutlich gespürt hat, als Yannick behandelt wurde.

Die uns gesetzte Frist für die Entscheidung für oder gegen die angebotene Chemotherapie und Bestrahlung läuft in Kürze ab. Wie würde ich mich, wie Gabriele sich entscheiden, wenn es jeweils um uns selber ginge? Wenn wir das noch nicht einmal für uns selbst wissen, wie können wir dann eine derartige Entscheidung für einen anderen Menschen treffen, auch wenn es ein vierjähriges Kind ist? Nehmen wir ihm einen unbeschwerten und gemeinsamen Sommer, vielleicht ein ganzes Lebensjahr oder sogar noch mehr, wenn wir dagegen entscheiden? Muten wir ihm qualvolle Behandlungen, lange Klinikaufenthalte in seinen letzten Monaten zu, möglicherweise ohne dass dies sein Leben überhaupt verlängert, wenn wir dafür entscheiden? Wie würde Yannick für sich selbst entscheiden? Die Frage quält uns von Tag zu Tag mehr. Gabriele nimmt das Beratungsangebot eines Strahlentherapeuten im Klinikum wahr – alleine, ich bin terminlich verhindert. Sie kommt optimistisch gestimmt zurück: die Bestrahlung sei zielgenau machbar und eine Option zur Lebensverlängerung. Ich bin konsterniert, wie leicht ein Spezialist mit seiner Sicht sogar Gabriele beeinflussen kann, bleibe skeptisch. Am Ende sind wir beide erschreckt, wie leicht die reine technische Machbarkeit eine Entscheidung leiten kann, ja vielleicht sogar als zwingend erscheinen lässt. Wir beschließen, derartige Gespräche mit Fachspezialisten nie wieder alleine zu führen.

Die von den Klinikärzten angebotenen Behandlungen würden zu dem von uns eingeschlagenen Weg nicht passen. Und Yannick hasst die Klinik, jeder Weg dorthin wäre ein Kampf, auch wenn er seiner Freundin Leonie gerade erst mit einigem Stolz in der Stimme erzählt hat: „Im Klinikum brauchte ich nicht Tisch decken und es gab Käsebrot mit Salzstangen".

Wir lassen die Frist verstreichen. Später erfahren wir, dass die behandelnden Ärzte, die Sozialarbeiterin und andere Teammitglieder wiederholt über Yannick und uns gesprochen haben und großen Respekt vor unserer Entscheidung hatten. Offenbar war ihnen die Hilflosigkeit ihres Behandlungsangebots auch selber bewusst.

Einige Zeit später stoßen wir im Internet auf einen Fall, in dem ein Mädchen mit dem gleichen Tumor bestrahlt wurde. Dabei wurde das Atemzentrum beschädigt und sie konnte nur noch mit künstlicher Beatmung, ständig an der Maschine, weiterleben.

Yannicks Bemerkungen kommen ganz unvermittelt. „Wenn alle Menschen sterben müssen, gibt es ja gar keinen mehr, der in den Häusern wohnt und mit den Autos fährt!" Wenige Tage später fragt er: „Hat man noch Geburtstag, wenn man tot ist?" Es erschreckt mich, wenn Yannick sich mit dem Tod beschäftigt. Wir selbst haben dieses Thema in seiner Gegenwart bisher stets vermieden.

Dann hat er wieder Zukunftsträume wie ein normaler, gesunder kleiner Junge.

„Wenn ich groß bin, will ich nicht Auto fahren. Ich will Taxi fahren."

„Als Taxifahrer?" fragt Gabriele nach.

„Ja, das kostet dann immer eine Mark", sagt er.

Yannick erzählt einen Traum: „Ich habe geträumt von einer Mantelfabrik. Da hat mir eine Frau einen Mantel gemacht."

„Einen schönen Mantel?" erkundigt sich Gabriele.

„Ja, einen sehr schönen Mantel. Rot und grün. Mit roter Kapuze", sagt er.

7

Ich rufe einen alten Freund und Arzt in Bremen an, der dort klassische chinesische Medizin praktiziert und sich mit alternativen Heilmethoden auskennt. Er empfiehlt die Methode nach Simonton. Sie arbeitet mit Autosuggestion, der bildlichen Vorstellung des Tumors und dessen Zerstörung durch die Mobilisierung körpereigener Abwehrmechanismen. Aber wie soll man einem Vierjährigen Methoden der Autosuggestion beibringen? Wir besinnen uns darauf, was wir den Mädchen und auch Yannick selber über die Krankheit erzählt haben. Yannick habe einen „Knubbel" im Kopf, der da nicht hingehört und der nicht weiter wachsen darf. Wir müssten alles dafür tun, dass dieser Knubbel verschwindet. Wenn er weiter wächst, wird es Yannick sehr schlecht gehen. Von der tödlichen Gefahr haben wir in Yannicks Gegenwart nicht offen gesprochen, scheuten uns, die drei mit dieser Botschaft zu konfrontieren und sie auch vor uns selbst auszusprechen, weil sie dadurch realer zu werden und näher zu kommen schien.

Also zeichne ich Yannick auf, wie der Knubbel in seinem Kopf aussieht und wie Blutbahnen dorthin führen, in denen rote und weiße Blutkörperchen schwimmen. Und ich erzähle ihm, dass die weißen Blutkörperchen stark sein müssen, stärker als der Knubbel, und dass sie scharfe Zähne haben und den Knubbel auffressen. Yannick soll sich das vorstellen und selber zeichnen.

Er setzt sich hin, zeichnet ernsthaft und sorgfältig seinen „Knubbel" und darum herum Weiße-Blutkörperchen-Figuren, die im Wesentlichen aus einem großen Maul und einem Auge bestehen. In den nächsten Tagen und Wochen bringen wir ihn immer wieder dazu, ganze Serien sich nur wenig unterscheidender Zeichnungen zu produzieren. Geduldig macht er mit, nicht ohne dabei den einen oder anderen ironischen Kommentar dazu abzugeben. Unserer Erwartungshaltung entsprechend malt er den Knubbel von Tag zu Tag immer kleiner, bis er kaum größer ist als ein Punkt, während die weißen Blutkörperchen größer und fetter werden, bis eines schließlich das ganze Blatt einnimmt, oder sie auch schon mal die Gestalt von Dinosauriern bekommen. Das Eigenartige ist nur, dass er die Blutkörperchen fast ausnahmslos ohne Zähne zeichnet. Seine weißen Blutkörperchen haben keine Zähne. Die spitzen Zähne, die nach und nach den Knubbel immer kleiner knabbern und zum Schluss ganz auffressen sollen, soll ich auf seine Anordnung hin dazu zeichnen. Das gestattet Yannick mir gnädig. Er weiß und spürt, wie wichtig es mir ist, dass sie viele und scharfe Zähne haben. Auf meine Frage, wie groß denn jetzt sein Knubbel sei, ob er größer oder kleiner geworden sei, antwortet er eines Tages, indem er eine Erbse zwischen Daumen und Zeigefinger andeutet. Dabei amüsiert er sich ebenso, wie zuvor beim Zeichnen der Blutkörperchen mit den grotesken Größenverhältnissen.

Familiäre Grundsätze, Erziehungsfragen, Einstellungen und Positionen: all das verliert an Bedeutung. Stück für Stück geben wir sie auf – zumindest in Bezug auf Yannick. Was verbietet man einem Kind, das bald sterben kann? In Beton gegossene Bastionen werden geschleift. Haustiere kamen bis jetzt unter keinen Umständen in Frage. Wer würde sich schließlich darum kümmern, Verantwortung auf Dauer übernehmen? Nein – sie binden nur unnötig, schränken uns ein. Manchmal fiel es uns unendlich schwer, Johannas sehnlichstem Wunsch nach einem Hund, ihrem ständigen Flehen und Bitten standzuhalten. Jetzt möchte Yannick eine Katze - und bekommt sie. Bei einer Frau in der Nachbarschaft laufen viele erst wenige Wochen alte Kätzchen im Garten herum, als wir sie besuchen, um eine auszusuchen. Eine zierliche schwarze Katze mit einem kleinen weißen Punkt auf der Brust läuft hinter Yannick her, bleibt an seinen Fersen. Sie soll es sein, zieht wenig später bei uns ein: Mika.

Es ist Samstagmorgen und fast wie früher, als diese Tage noch eine große Leichtigkeit nach einer intensiven Arbeitswoche hatten. In letzter Zeit weinte Yannick oft, wenn er aufwachte, aber heute ist er wieder mit einem seiner Bücher in der Hand zu uns ins Bett geklettert und hat sich zwischen uns gesetzt. Bevor er krank wurde, brauchte beim Aufwachen niemand in seiner Nähe sein. Da krabbelte er aus dem Bett, horchte, wo Stimmen herkamen, oder ging einfach auf die Suche. Wenn er an Werktagen entdeckte, dass wir mit Mara und Johanna schon unten in der Küche beim Frühstück saßen, schlich er oft die Treppe hinunter im Glauben, wir würden ihn nicht hören. Dann lugte er um die Ecke, bevor er mit einem lauten „Uaahhh" in die Küche stürmte. Natürlich mussten wir uns immer gehörig erschrecken. Heute haben wir gar nicht bemerkt, wie er aufwachte, sich aus seinem Schlafsack befreite und aus dem Gitterbett kletterte, das immer noch bei uns im Schlafzimmer steht und gerade noch groß genug für ihn ist. Ich lege im Halbschlaf den Arm um ihn, spüre seine Wärme und höre jetzt auch die Stimmen von Mara und Johanna, die im Nachbarzimmer, wo ihre Doppelstockbetten stehen, offenbar schon spielen oder malen, wie sie es oft an den Wochenenden tun, ohne uns zu stören. Gabriele legt ihnen dann schon am Vorabend Bananen hin, um ihren Frühstückshunger ein wenig hinauszuzögern. Vielleicht kommen die Beiden ja auch gleich noch auf die zweieinhalb Meter Matratzenbreite, die wir hier für alle eventuellen Besucher vorhalten.

Es ist schon hell draußen, aber es hat noch keine Uhrzeit und kein Wetter, das Tageslicht sickert undefinierbar herein. Gleich wird Yannick mir etwas im Buch zeigen oder etwas vorgelesen bekommen wollen.

Die letzten Minuten. Ich nehme seinen kindlichen, süßlichen Geruch wahr, schlage meine Decke über seine Beine.

Heute will Yannick mit zum Bäcker, Brötchen holen. Es dauert, ihn anzuziehen, die blauen Lederstiefel, den roten Anorak, Fahrradhelm, das Fahrrad aus der Garage holen, Yannick auf dem Kindersitz anschnallen. Alles für ein paar hundert Meter. Beim Bäcker stellt er sich auf die Taschenablage des Tresens und lehnt sich mit dem Bauch an die Glasvitrine, um einen besseren Blick auf das Geschehen und die Auslagen zu haben.

Der Frühstückstisch ist noch nicht gedeckt, als wir mit den duftenden Brötchen zurück sind. Yannick fordert Mara auf, den Tisch zu decken. Er weiß genau, wer dran ist: diese Aufgabe obliegt, wie andere Aufgaben auch, immer reihum für eine Woche einem der drei Kinder. Schließlich sind alle da und der Kaffee dampft in unseren Tassen. Yannick sitzt kerzengerade auf seinem Tripp-Trapp-Stuhl, völlig auf sein Brötchen konzentriert. Ein stiller Genießer. Nie steht er auf, bevor er nicht in aller Ruhe aufgegessen hat. Nichts – kein Lärm, keine Unruhe um ihn herum – kann ihn ablenken. Sonntags widmet er sich besonders seinem Frühstücksei, das es nur einmal in der Woche gibt. Er bekommt immer das dickste und manchmal ergattert er auch noch Teile der Eier von Johanna und Mara. Als wir überlegen, wie der Tag weitergehen soll, lassen seine gelegentlichen Bemerkungen erkennen, dass er bei aller Konzentration auf sein Frühstück genau zuhört und aufmerksam dabei ist.

Es ist der Anfang der dritten Woche - unsere neue Zeitrechnung beginnt mit dem Datum der tödlichen Diagnose - als wir uns auf den Weg in den Hunsrück machen, wo ein Geistheiler erstaunliche Heilerfolge erzielt haben soll. Freunde haben uns von einer Bekannten erzählt, bei der ein Tumor nach einer Behandlung spontan abgeheilt sei. Nachdem wir auf der Fahrt noch in der Klosterkirche der Abtei Maria Laach Kerzen angezündet haben, finden wir die Praxis des Heilers in einem eher unscheinbaren Haus am Rande eines Dorfes nahe der Autobahn. Er erläutert der kleinen Gruppe von Teilnehmern, dass ein Beckenschiefstand und die dadurch verursachte Wirbelsäulenverkrümmung für viele Krankheiten ursächlich sei. Durch geistige Kraft und ohne den Patienten zu berühren, will er den Beckenschiefstand korrigieren, das Becken geradestellen. Er beweist das Ergebnis an Vorher- Nachher-Fotos und an Markierungen, die er an den Fußknöcheln anbringt. Er betont, dass es nicht seine Heilkräfte seien, sondern dass göttliche Kräfte durch ihn hindurch wirken und er lediglich ein dankbares Medium hierfür sei. Als wir ihm von der Diagnose unseres Sohnes berichten, bietet er uns die Behandlung der ganzen Familie für einen stark reduzierten Preis an. Wir nehmen sein Angebot an, sind also alle heute „wirbelsäulenbegradigt". Als Yannick an der Reihe ist, weigert er sich, beginnt zu weinen. Ich bitte, bettle, lenke ihn ab, nehme ihn auf den Schoß. Nur für ihn haben wir die Reise gemacht, sind mit der ganzen Familie den weiten Weg hierhergekommen. Schließlich gelingt es dem Heiler doch noch, seine Behandlung als letztem Patienten auch an Yannick durchzuführen. Zum Abschied gibt er uns eine goldene Folie mit, die er mit geistiger Energie aufgeladen und mit einer Kreuzdarstellung und der Aufschrift „Liebe ist Leben – Gott ist die Liebe" versehen hat. Er bittet uns, sie Yannick nachts unter das Kopfkissen zu legen. Eine weitere Metallfolie steckt er zusammengerollt in einen zuschraubbaren hölzernen Anhänger, den Yannick um den Hals tragen soll. Dann gibt er uns noch die Adresse eines Vertreters der „Neuen Medizin" in Köln mit der Empfehlung, auch mit ihm Kontakt aufzunehmen. Der Heiler und seine Mitarbeiterin sind sichtlich bewegt von der Begegnung mit uns, mit Yannick. Mehrmals noch in den folgenden Wochen und Monaten ruft er an und erkundigt sich nach Yannicks Befinden, schickt uns Briefe und ist sehr betroffen und mitfühlend, als wir ihm bei seinem letzten Anruf von Yannicks Tod berichten.

Am Tag nach unserer Rückkehr kreisen Yannicks Gedanken wieder um das Thema Sterben.

„Warum hat man Lungen?" beginnt er den Dialog mit Gabriele.

„Damit man atmen und leben kann. In der Lunge wird der Sauerstoff, die Luft, aufgefangen und von den roten Blutkörperchen überall hingetragen. Vom großen Zeh bis zum Kopf" kann Gabriele ihre Medizinerausbildung nicht verleugnen.

„Und warum muss man sterben?" leitet Yannick zu seinem eigentlichen Thema über.

„Damit man ein neues Leben beginnen kann, vielleicht im Himmel oder man wird wiedergeboren", vermutet Gabriele.

„Dann muss man aber wieder den gleichen Namen bekommen ... Yannick ... dann müsst ihr mich wieder Yannick nennen" verlangt er.

„Stirbst du denn?" fragt Gabriele

„Ja, irgendwann", antwortet er ausweichend.

„Wie kommst du darauf?"

„Wie Jesus."

„Meinst du, weil er auch gestorben ist und wieder auferstanden?"

„Ja", meint er.

„Magst du die Geschichten von Jesus?" fragt Gabriele nach.

„Nein, da muss ich immer an die goldene Kette denken, die wir im Kindergottesdienst gebastelt haben. Dass sie ihn angebunden haben."

„Du möchtest nicht angebunden werden, nicht wahr?"

„Nee."

„Das möchte kein Mensch", bestätigt Gabriele abschließend.

Nur zwei Tage nach der Reise in den Hunsrück sind wir erneut alle zusammen auf der Autobahn unterwegs. Als wäre es selbstverständlich, stellt Maras und Johannas Grundschule die beiden, immer wenn wir es wünschen, frei und ermöglicht uns diese gemeinsamen Fahrten. Aber es ist nicht nur die Schule: viele Menschen in unserem Umfeld und sogar viele Personen, die Institutionen verkörpern, stellen auf einmal alle Regeln und Konventionen zurück und handeln danach, was aktuell für uns gut ist. Es verblüfft uns immer wieder, wie Menschen angesichts der tödlichen Bedrohung und der Dramatik unserer Situation auf einmal sich selbst und ihre Rolle in irgendwelchen Institutionen in Frage stellen und verändern.

Heute führt unsere Reise in die anthroposophische Klinik in Herdecke. Die Kinder genießen den weiteren unverhofften Familienausflug, bekommen vor der Klinik noch Eis. Yannick betrachtet kurz die Eistafel und entscheidet sich sofort für ein „Ed von Schleck". Immer schon ist er völlig klar, spontan und sicher in seinen Entscheidungen, während Mara und Johanna sich erst nach sorgfältiger Abwägung aller Aspekte zu einer Auswahl durchringen und dabei für uns oft gefühlte Ewigkeiten vor der Eistafel oder im Süßigkeitenladen vor dem Tresen stehen.

Wir müssen nicht lange warten und es ist eine relativ kurze Untersuchung. Wir kommen mit Weihrauchkapseln nach Hause. Sie sollen das einzig wirksame Naturheilmittel gegen Hirntumore sein. Yannick soll es jeden Tag nehmen. Gleichzeitig soll er Cortison nehmen, um das Ödem abschwellen zu lassen.

So wird mit fast jeder Konsultation eines weiteren Arztes, Therapeuten oder Heilers die Liste der Medikamente, die wir Yannick versuchen müssen, schmackhaft zu machen oder in die Nahrung zu geben, immer länger. Irgendwann sind es bis zu zehn verschiedene Tropfen, Tabletten und homöopathische Kügelchen, die bis zu dreimal am Tag verabreicht werden sollen.

Auf der Rückfahrt scheint Yannick die tief stehende Sonne ins Gesicht.

„Ich muss die Sonne beerdigen" meint er.

„Och – gleich beerdigen?" wendet Gabriele ein.

„Ja, die blendet mich".

„Guck, gleich schiebt sich vielleicht die Wolke vor die Sonne, dann blendet sie dich nicht mehr".

„Die Wolke ist ein guter Spielkamerad" bestätigt Yannick. „Von der Sonne?" fragt Gabriele nach.

„Nein, von mir."

8

Erst viel später und im Rückblick können wir es erkennen, wird offensichtlich: Alle Zeichen sprechen gegen Yannick. Wären wir immer bereit und in der Lage, sie als solche richtig zu deuten, so wüssten wir, dass es keine Rettung geben wird. Er selbst spürt es wohl schon lange. Viele seiner Gedanken und Bemerkungen lassen keinen anderen Schluss zu. Später sagt Gabriele, sie hätte von Anfang an gewusst, dass Yannick sterben würde. Ich habe sie anders erlebt, anders verstanden, bin während der ganzen Zeit überzeugt, auch sie würde nie aufhören zu kämpfen, nie die Hoffnung aufgeben. Hätten wir Yannick und uns vieles ersparen können? Manche Hinweise oder Zeichen können wir anfangs noch als Zufälle oder Aberglauben abtun. Aber diese Häufung?

Da ist zum Beispiel Yannicks Pflaumenbaum. In unserem kleinen Garten stehen fünf Bäume. Für jeden von uns haben wir einen gepflanzt. In diesem Jahr entwickelt Yannicks Baum sich nicht, trägt keine Blüte und keine einzige Frucht. Maras Apfelbaum dagegen beugt seine Zweige unter der Last der Früchte, Johannas Kirschbaum wächst in den Himmel, so dass nur noch die Vögel an die unzähligen Kirschen herankommen.

Oder die Goldfische. Im vergangenen Sommer habe ich einen kleinen Gartenteich angelegt und drei Goldfische hineingesetzt – für jedes Kind einen. Einer der Fische schwamm kurze Zeit später oben – tot.

Als wir mit den Kindern das Gesellschaftsspiel „Das verrückte Labyrinth" spielen, bekommt Yannick von den vierundzwanzig Geheimniskarten alle sechs mit negativer Bedeutung gleichzeitig: den Totenschädel, die böse Fee, das Spinnennetz, die Fledermaus, die Eule und die Maus.

Dies waren die ersten einer Reihe von Zeichen. Viele weitere sollten folgten. So wie der schwarze Linienbus, der genau in dem Augenblick das kleine evangelische Gemeindezentrum „Arche" passiert, als wir nach der gemeinsamen Taufe unserer drei Kinder aus der Tür treten. Alle Busse in der Stadt sind rot, nur dieser eine ist schwarz. Mir läuft es eiskalt über den Rücken.

Ich war immer der Meinung, wir sollten den Kindern selber die Entscheidung überlassen, in eine Kirchengemeinschaft einzutreten, wenn sie älter wären und eine solche Entscheidung für sich selber treffen könnten. Doch dafür ist jetzt keine Zeit mehr. Vielleicht ist es nur ein Reflex, weil es uns so beigebracht worden war, dass niemand, also auch unser Kind nicht, ungetauft sterben darf. Vielleicht ist da auch irgendwo die Hoffnung, es gäbe doch einen Gott, der Yannick würde retten können.

Schon eine Woche nach der Diagnose haben wir die drei zum Kindergottesdienst gebracht und den Pfarrer mit unserem Wunsch angesprochen, einen baldigen Termin für eine gemeinsame Taufe zu finden. Jetzt besucht er uns Zuhause, um unser Anliegen zu besprechen, schlägt uns den Familiengottesdienst am Ostersonntag vor. Yannick kann mit der Bezeichnung

Pfarrer nicht viel anfangen. „Pharao" nennt er ihn ab sofort scherzhaft.

„Also, der Mann, der sich so gut mit der Taufe auskennt, der Pharao, der hat gesagt, dass er beim Gottesdienst einschläft" berichtet er uns, nachdem der Pfarrer sich verabschiedet hat.

Wir wollen die ganze Familie einladen, die gemeinsame Taufe an Ostern mit uns zu feiern. Und direkt danach wollen wir für den Rest der Osterferien noch einmal zu fünft in den Urlaub fahren. Wir überlegen gemeinsam, wohin wir fahren könnten.

„Bremen ist nicht angesagt. Die Kinder haben keinen Bock!" verkündet Yannick nach den ersten Vorschlägen. Wir fragen ihn, wo er denn hin möchte.

„Ich will in den Himmel einziehen und mir ein Wolkenhaus bauen und ganz viel fliegen".

Wir einigen uns schließlich auf die Nordseeinsel Langeoog, und vorher will ich der Familie noch Emden zeigen, wo ich einen großen Teil meiner Jugend verbracht habe. Aber bis dahin sind es noch fast zwei Wochen.

Es ist ein noch kühler, aber sonniger April-Sonntag, als wir mit unserer Nachbarin und Freundin Rita, die ein inniges Verhältnis zu allen drei Kindern entwickelt hat und die wir gebeten haben, Taufpatin für die drei zu sein, und mit ihrem Mann Hamid einen Spaziergang im sonnendurchfluteten „Narzissenwald" im benachbarten Belgien machen, um bei einer Rast inmitten eines Teppichs von Waldanemonen und wildwachsenden Narzissen die Taufsprüche auszuwählen.

„Es sollen wohl Berge weichen und Hügel hinfallen, aber meine Gnade soll nicht von dir weichen" (Jesaja 54,10) ist der Spruch, der Yannick und uns für ihn am besten gefällt. Yannick denkt dabei vor allem an Vulkane. Zufällig hat er im Fernsehen einen Beitrag über Vulkane gesehen und lässt sich neuerdings immer wieder ein Bilderbuch darüber vorlesen.

In den letzten Wochen hat Yannick mir mehrmals mehr oder weniger scherzhaft - und für mich mehr oder weniger schmerzhaft – leicht in den Genitalbereich geboxt. So auch jetzt wieder. Ich schlage ihm vor, das doch mal bei Hamid zu tun. Der Gedanke belustigt ihn und er trällert glucksend vor Lachen ein Lied dazu, sobald Hamid außer Hörweite ist: „... ja dem Hamid in die Eier ....", zur Melodie von „ und der Haifisch, der hat Zähne ...". Später brauche ich nur, wenn Hamid in der Nähe ist, das Lied zu summen, um bei Yannick einen für die anderen nicht verstehbaren Heiterkeitsausbruch auszulösen.

Ich bin mit Yannick bei dem Heiler R., einem Cousin aus der Heilerfamilie C. aus s`Heerenberg, zu der wir anfangs gefahren sind, und der über die gleichen Heilkräfte verfügt. Jeden zweiten Samstag praktiziert R. in Aachen, so dass wir uns einige der weiten Fahrten an den Niederrhein sparen können. Diesmal in dem großen Haus der mit vier Söhnen gesegneten

Familie E., wo er jeden vierten Samstag – im Wechsel mit der Wohnung einer alleinstehenden alten Dame - viele Menschen mit unterschiedlichsten Krankheiten behandelt. Für R. ist Yannick ein besonderer Patient. Er ist voller Mitgefühl für ihn und für uns, lehnt jede Bezahlung, selbst über viele Monate hinweg, ab. Auch dieser Heiler sagt, dass es Gottes Kräfte sind, die durch ihn hindurch wirken, dass nicht er selbst die Heilungen bewirkt. Yannick, der während der Behandlungen immer auf meinem Schoß sitzt, lässt sich auch in der Behandlungssituation nicht davon abhalten, irgendwelche witzigen Bemerkungen zu machen oder auszuprobieren, wie Begriffe, die er irgendwo aufgeschnappt hat, auf andere wirken. Diesmal platzt es plötzlich aus ihm heraus: „Uli, bist du erbärmlich?" Er kann sich vor Lachen kaum halten.

Wieder Zuhause singt Yannick grölend „die Sehnsucht zerreißt mir das Herz". Auf meine Frage, woher er das denn hat: „Aus einem Buch!"

Yannick schläft bereits, als wir Mara und Johanna an diesem Abend zu Bett bringen, in ihr Etagenbett in dem großen Kinderzimmer, Mara unten, Johanna oben. Yannick haben wir vor kurzem das kleine Zimmer daneben eingerichtet, in dem er aber nicht schlafen will. Jeden Abend lesen abwechselnd Gabriele und ich den Mädchen vor, bevor das Licht ausgemacht wird. Wir wissen wenig darüber, wie die beiden die dramatischen Ereignisse der letzten Wochen wahrnehmen. Nur dass Yannick krank ist, den „Knubbel" im Kopf hat, wissen sie. Belügen wir sie, indem wir ihnen nicht alles sagen? Sie spüren, dass Schlimmes passiert ist und weiter passiert, aber sie können es nicht einordnen, wissen nicht, was das alles für ihre bisher sichere und geordnete Welt bedeuten könnte. Heute bringen wir nach dem Vorlesen das Gespräch auf Yannick, voller Angst, wie sie reagieren werden. Wir sagen ihnen zum ersten Mal, dass Yannick an dem Hirntumor sterben könnte.

„Kann ich dann Yanni's Zimmer haben?" fragt Johanna und fügt nach kurzer Überlegung hinzu: „Im Restaurant sind sowieso immer entweder vier oder sechs Stühle." Verblüffung und Erleichterung bei so viel kindlichem Pragmatismus und dem Versuch, uns mit einem positiven Aspekt zu trösten.

Wir sagen noch, dass kein Mensch wissen kann, ob Yannick wieder gesund wird. „Doch, einer: Gott", wendet Mara ein.

Angesichts der bevorstehenden Taufe am Ostersonntag, zu der auch die Großeltern, Onkel und die Tante der Kinder erwartet werden, feiern wir Ostern kurzentschlossen schon am Karfreitag vor. Wir können jetzt auf terminliche und formale Korrektheit keine Rücksicht mehr nehmen. Den Kindern wollen wir ein ganz normales Osterfest auf keinen Fall vorenthalten.

Yannick nimmt die Gelegenheit wahr, seine Schnuller, die er schon seit Monaten nicht mehr benutzt, hervorzukramen und sie den Osterhasenkindern im Tausch gegen ein hoffentlich besonderes Geschenk für ihn anzubieten. Mit diesem kleinen Trick haben wir Johanna vor zwei Jahren ihre Schnuller abgehandelt. Jetzt will auch Yannick mit seinen eigentlich längst abgelegten Schnullis unbedingt noch diesen Deal arrangieren. Er legt also alle seine Schnuller am Abend zuvor heraus und findet tatsächlich am nächsten Morgen an gleicher Stelle ein Sandmännchen-Quartett und ein Lesezeichen von „der Sendung mit der Maus". Wir sind froh, dass die Schnullerzeit vorbei ist. Wie schwer war es doch immer, Yannick einen neuen Schnuller schmackhaft zu machen, während er auf seine Lieblingsschnuller bestand. Und das waren immer die ältesten.

Während des Ostersonntaggottesdienstes werden alle drei getauft. Die Großeltern sind von weit her angereist, sind zum ersten Mal bei uns, seit sie von Yannicks Tumor erfahren haben. Auf der Fahrt vom gemeinsamen Festessen nach Hause schläft Yannick ein. Wir lassen ihn im Auto schlafen, während wir im Haus etwas zu trinken anbieten, den Kaffee vorbereiten. Immer wieder sehen wir nach ihm, um nicht zu verpassen, wenn er aufwacht. Und dann passiert es doch. Er wird wach, als niemand da ist. Als wir ihn ins Haus holen und er merkt, dass etwas ohne ihn stattgefunden hat, bekommt er einen seiner in letzter Zeit sich häufenden und von uns immer mehr gefürchteten Wutanfälle. Die ganze Festgesellschaft wird Zeuge, wie er sich über mehr als eine Stunde nicht wieder beruhigen lässt.

9

Erst waren es noch vereinzelte Ereignisse, die im krassen Gegensatz zu Yannicks Art standen und zu allem, was wir an ihm kannten. Vorfälle, die wir uns vor der Diagnose nicht erklären konnten. Es begann schon vor Monaten damit, dass er manchmal weinte, wenn er aus dem Schlaf erwachte. Später waren es plötzliche Anfälle von Verzweiflung, ohne erkennbaren Anlass. Eine sich immer weiter steigernde Wut kam hinzu. Seine Anfälle werden von Woche zu Woche häufiger, halten immer länger an. Dann weint er, will irgendetwas erzwingen, durchsetzen. In meiner eigenen Verzweiflung und meiner Wut auf seine Krankheit steigern wir uns gegenseitig in bizarre Kämpfe. Auslöser können Nichtigkeiten sein, eine falsche Bemerkung oder Geste. Oft passiert es, wenn jemand ein früheres Ereignis erwähnt und dabei sagt, Yannick sei nicht dabei gewesen oder – schlimmer noch – damals noch nicht auf der Welt gewesen. Es reicht, wenn jemand etwas von ihm berührt oder benutzt, ohne zuvor ausdrücklich seine Erlaubnis eingeholt zu haben. Oder jemand isst etwas, von dem er meint, es stände ihm zu. Er hat oft das Gefühl, man nimmt ihm etwas weg. Wo ist seine enorme Großzügigkeit geblieben, seine grenzenlose Bereitschaft, mit anderen zu teilen, von seinen Dingen abzugeben?

Erst viel später und im Rückblick sollte ich erkennen können, dass unser kleiner Sohn wohl während dieser ganzen Zeit ein tiefes Wissen von seinem Weg hat, davon, dass er nicht mehr lange unter uns sein wird, dass es ihn unvorstellbar schmerzt, wenn wir über vergangene Ereignisse ohne ihn sprechen, wo doch die zukünftigen Zeiten auch wieder ohne ihn sein werden. Ebenfalls erst später verbinde ich Yannicks extreme Reaktionen mit den Erkenntnissen über die verschiedenen Phasen, die Menschen mit tödlichen Krankheiten durchlaufen. Die Wut auf die Krankheit ist eine dieser Phasen. Offenbar durchleben wir als Eltern und Begleiter diese Phasen wie der Kranke selbst: erst die Ungläubigkeit, das Nicht-Wahr-Haben-Wollen, dann die Wut und das Aufbegehren, der Kampf und Protest. Vielleicht irgendwann das Akzeptieren, das Sich-Fügen.

Immer öfter versucht Yannick, bei seinen immer häufigeren und manchmal Stunden anhaltenden Wutanfällen, alles zu demolieren, was für ihn erreichbar ist. Es ist zerstörerisch und selbstzerstörerisch. Wir müssen auf dem Tisch alles in seiner Reichweite wegräumen. Nur noch die blanke Tischplatte hat Yannick jetzt vor sich. Sie ist im Bereich seines Platzes inzwischen übersät mit Dellen. Und trotzdem ist es manchmal notwendig, seine beiden Arme festzuhalten, so dass er sich nicht mehr bewegen kann, um ihn davon abzuhalten, vielleicht doch irgendetwas zu erreichen und zu zerstören. Wir haben Angst vor seinen Wutanfällen. Er bekommt, was er will, wenn dadurch ein Anfall vermieden werden kann. Seine Forderungen werden immer absurder. Er wirft Gegenstände auf den

Boden, damit wir sie aufheben. Er verlangt die unsinnigsten Dinge und Handlungen, und wenn ihre Erfüllung doch einmal verweigert wird, beginnt das Drama. Es ist Mara und Johanna nicht mehr zu vermitteln, was Yannick alles bekommt und welchen Unsinn wir mitmachen, während sie nichts dergleichen dürfen oder bekommen.

Wir schleichen umeinander herum, in Angst voreinander, im permanenten Alarmzustand. Alle potentiell gefährlichen Gegenstände verschwinden aus der normalen Reichweite eines Kindes. Brotmesser und Küchenmesser werden im Hochschrank deponiert. In seiner blinden Wut würde Yannick sich oder uns in Verletzungsgefahr bringen. Die grüne Keramikschale, in der die Fläschchen und Döschen mit Yannicks Medikamenten aufbewahrt werden, müssen wir in zwei Meter Höhe auf dem Schrank stellen, um zu verhindern, dass er sie zerdeppert. Noch im nächsten Frühjahr werden wir im Garten in den Blumenbeeten rund um unseren Sitzplatz Besteck und andere Gegenstände wiederfinden. Bei einem seiner Anfälle nimmt Yannick seine Taufkerze, die im Wohnzimmer auf dem Sideboard steht. Ich komme zu spät, um ihm in den Arm zu fallen. Er wirft sie mit aller Gewalt auf den Boden, wo sie in zwei Teile zerbricht. Das Entsetzen fährt uns in die Glieder: welch furchtbare Symbolkraft geht von dieser zerbrochenen Kerze aus! Wir wissen sofort, dass es ein weiteres Zeichen, ein weiterer Hinweis ist, der uns hier gegeben wird.

Nach der Taufe verstärken sich die Symptome merklich. Das Pinkeln fällt Yannick schwerer, seine Sprache wird immer undeutlicher, die Gleichgewichtsstörungen nehmen zu, und er klagt erstmals über Kopfschmerzen.

Am Tag nach Ostern, und nachdem alle Taufgäste abgereist sind, packen wir den Familien-Van und brechen auf mit Ziel Ostfriesland. Wird es der letzte gemeinsame Urlaub, unsere letzte gemeinsame Reise werden?

Vor der Abfahrt sind wir noch kurz in der Aachener Innenstadt. Yannick ist fasziniert von den Auslagen eines Modelleisenbahngeschäfts am Markt. Wir gehen hinein, sehen uns auch drinnen die vielen ausgestellten Bahnen und Waggons an. Es ist ein ICE-Zug von Märklin, der Yannick ganz besonders gefällt. Eine Grundausstattung von Märklin haben Gabrieles Eltern ihm soeben zur Taufe geschenkt. Eigentlich sollte er sie erst in einem halben Jahr zum Geburtstag bekommen. Sie haben das Geschenk vorgezogen. Ich erkläre Yannick, dass ich ihm den ICE-Zug jetzt nicht kaufen kann, dass er sehr teuer ist. Aber ich verspreche ihm, dass er ihn bekommt, wenn er wieder gesund wird, will seine Motivation anstacheln, seine Selbstheilungskräfte zu mobilisieren und den Tumor zu bekämpfen.

Noch oft werde ich in den folgenden Wochen darauf zurückkommen und ihn an den ICE erinnern, der auf ihn wartet. Aber jetzt hat das Yannick gegebene Versprechen erst einmal seine Schwestern auf den

Plan gerufen, die ebenfalls ein Geschenk in dieser Größenordnung einklagen, sich zurückgesetzt fühlen. Es ist schwer, den beiden dieses Sondergeschenk zu vermitteln. Mein Hinweis, zu diesem Geschenk werde es aller Voraussicht nach nie kommen, da kaum Hoffnung bestehe, dass ihr Bruder wieder gesund werden würde, veranlasst sie zu der nachdrücklichen Feststellung, wenn doch, dann wollen sie auch so ein Geschenk.

Während der Überfahrt nach Langeoog sitze ich in der Sonne auf dem Deck vorn am Bug des Schiffes, Yannick auf meinem Schoß. Wir beobachten die Möwen, die kreischend in Schwärmen das Schiff umkreisen, die glitzernden Wellen, die Gischt der Bugwelle, die der Wind verweht. Ich wühle meine Nase in Yannicks blonde Locken, ziehe seinen Duft ein, der sich mit der salzigen Seeluft mischt. Niemand sieht meine Tränen, die von Sonne und Wind getrocknet werden.

Manchmal ist Yannick seine Krankheit nicht anzumerken: wenn er am Strand auf mich zu gerannt kommt, als ich von einem Strandlauf zurückkomme, damit ich ihn in meinen Armen wie auf einem Karussell durch die Luft schleudere. Oder wenn er auf einem der Ausflüge über die Insel mit den gemieteten Fahrrädern von seinem Fahrradanhänger aus die hinter ihm fahrenden Schwestern neckt. Er begeistert sich an den hier über der Nordsee besonders spektakulären Wolkengebilden, sieht darin Figuren, Gesichter.

Aber dann ist es auch wieder da und nicht zu übersehen: wenn er in Begleitung von Mara oder Johanna morgens so lange für den Weg zum Bäcker und zurück zur Ferienwohnung braucht, dass wir uns schon voller Sorgen auf die Suche machen wollen. Auch hier taucht Yannick uns in ein ständiges Wechselbad. Gerade noch hat er geweint, gewütet, um sich geschlagen. Jetzt ist er allerbester Laune: „Morgen keine Medizin, da ist Karneval und Feiertag", verkündet er.

Ein Hirntumor der Art Ponsgliom kommt statistisch einmal unter einer Million Kindern vor. Es ist nicht einfach, andere betroffene Eltern ausfindig zu machen. Aber ich habe es geschafft und telefoniere auf der Rückfahrt mit dem Vater eines erkrankten Mädchens. Auch er ist voller Hoffnung auf eine Rettung, woher sie auch kommen mag. Das Mädchen wird mit Chemotherapie und Bestrahlung behandelt. Wir haben später noch einmal telefonischen Kontakt. Da geht es ihr bereits schlechter. Ich habe nicht den Mut, noch ein weiteres Mal anzurufen.

Schon auf der Hinfahrt nach Langeoog haben wir Station in s'Heerenberg gemacht für eine Behandlung durch den Heiler R. Auf der Rückfahrt sind wir wieder dort, wollen nicht bis zu seinem nächsten Besuch in Aachen warten.

Immer bleibt das Gefühl, nicht genug zu tun, nicht alle Heilungsmöglichkeiten auszuschöpfen, das vielleicht Wichtigste übersehen zu haben. Wir hören von immer neuen Möglichkeiten und Erfahrungen. Ratschläge von Großeltern, Freunden, Bekannten, Literatur, Zeitschriften, Internet. Immer mehr Substanzen, Verfahren, Philosophien und Therapieansätze. Unsere

Auswahl muss sich zunehmend danach richten, was unser Sohn überhaupt noch in der Lage und willens ist, mitzumachen, sich einzuverleiben.

Mehr als sieben Wochen liegt die Diagnose zurück, als wir mit Yannick nach Nettetal fahren zu einer Vertreterin der chinesischen Medizin. Wir kommen zurück mit einem Medikament mehr in dem Cocktail, den Yannick jeden Tag zu sich nehmen soll.

Auslöser für die wütenden Kämpfe sind auch immer wieder die Medikamente. Zum Teil bittere Medizin – im engsten Sinne des Wortes. Morgens zum Frühstück, abends, zum Teil mittags. Meistens nimmt Yannick sie tapfer, teilt mit uns die Hoffnung, sie würde helfen gegen den „Knubbel". Zumindest scheint es mir so. Anfangs das Cortison, dann anthroposophische Tropfen, Weihrauch, jetzt noch die chinesischen Tabletten, später auch tibetische Medikamente. Bittere, saure, alkoholhaltige Tropfen, Pillen, Pulver, Substanzen. Egal ob er mitmacht oder nicht: für mich ist es existentiell, dass er seine Medizin nimmt. Davon hängt sein Leben und damit mein Glück ab. Er muss sie nehmen! Nur das kann ihn retten. Ich ertrage es nicht, wenn er die Medikamente nicht nimmt. Er spürt, welche Bedeutung dies für mich hat, und er nutzt es für seine Opposition, seine Selbstbehauptung. Lässt meine Vehemenz ihn die Bedeutung der Medikamente auch für ihn selbst spüren? Dramatische Szenen häufen sich. Er spuckt das bittere Zeug wieder aus oder erbricht sich nach der Einnahme. Wut steigt in mir auf, es treibt mich zur Verzweiflung. Ich zwinge es ihm erneut rein. „Du nimmst die Medizin und wenn ich sie dir zehnmal gebe und wenn ich den ganzen Tag hier stehe!" Er weigert sich: Ich halte ihn fest, fixiere ihn wie in einem Schraubstock, füttere ihn. Ich bin unfähig, mich in meinen kranken Sohn hineinzuversetzen, bereue sogleich mein Tun, fühle mich schlecht und spüre, dass es falsch ist, was ich tue. Und kann doch nicht anders. Der Krieg gegen die Krankheit wird für mich zum Krieg um die Medikamente. Yannick wehrt sich mit der gleichen Wut und Verzweiflung, nutzt jede Chance, den Löffel wegzuhauen, wenn er einen Arm frei bekommt. Die Tropfen spritzen, bekleckern sein T-Shirt, seine Hose.

Ich kann morgens nicht zur Arbeit fahren, bevor Yannick all die Mittelchen eingenommen hat, traue Gabriele nicht zu, sich gegen seinen Widerstand durchzusetzen und traue ihr nicht, dass sie sich gegen jeden Widerstand durchsetzen will. Wir versuchen, die allzu bittere und sperrige Medizin mundgerechter zu machen, einnehmbarer. Vor allem Gabriele versucht es mit Tricks: Tabletten werden zu Pulver zerquetscht, das Pulver vermengt mit Nutella, mit Honig, mit Joghurt, mit was auch immer, um die Konsistenz und den Geschmack zu verbessern. Eines Tages mache ich den Versuch, ihn zum Schlucken der von Yannick als „Boote" bezeichneten großen Tabletten chinesischer Medizin zu bewegen. Gabriele hat sie zuvor zweimal am Tag mühsam zerkleinert und mit Joghurt zu einer halbwegs schlundgängigen aber immer noch reichlich ekelhaften Masse verarbeitet.

„Trink so lange, bis die Tablette weg ist", schlage ich vor. Yannick nimmt die Tablette in den Mund, trinkt Wasser, reißt den Mund sperrangelweit auf: leer! Er freut sich wie ein Schneekönig, lacht, platzt vor Stolz, vollführt sein neues Kunststück vor Gabriele, grinst, als der weit geöffnete Mund offensichtlich leer ist, erleichtert, auf diese Weise die eklige Paste zumindest nicht mehr essen zu müssen. Gabriele will es kaum glauben, ist im Übrigen ständig besorgt, er könne sich verschlucken, die Tablette könne in der Luftröhre landen. Yannick drohte einmal zu ersticken, als er ein Bonbon in die Luftröhre bekam. Es ist schon lange her, in einem Bergdorf auf der Kanareninsel Gomera. Yannick war gerade zwei Jahre alt geworden. Die Kinder bekamen von der Wirtin eines kleinen Restaurants, das Gerichte der ursprünglichen gomerianischen Küche anbot, als Nachtisch jeder ein Bonbon. Wir standen bereits draußen vor der Tür, als Yannick keine Luft mehr bekam und blau anlief. Gabriele nahm ihn in ihrer Panik an den Füßen, hielt ihn mit dem Kopf nach unten und schlug ihm mit aller Kraft auf den Rücken, bis er das Bonbon heraushustete.

10

Ich arbeite wieder, fahre immer, wenn es die Situation zu Hause zulässt und kein Behandlungstermin ansteht, ins Büro. Bin dankbar, mich mit anderen Dingen beschäftigen zu können, verstehe jetzt den Hinweis des Bürgermeisters, dass es auch gut tun kann, eine Beschäftigung außerhalb des Hauses zu haben. Kann fliehen, wenn Yannicks und meine Verzweiflung und Wut zu groß werden. Da ich alles den Therapieversuchen unterordne, fällt es mir immer schwerer, die Zeit mit meinem Sohn zu genießen, zu versuchen, sie auch schön zu gestalten, jeden Tag mit ihm auszukosten. Es ist vor allem Gabriele, die sich um die Mädchen kümmert, den Haushalt macht, den Alltag irgendwie aufrechterhält. Ich verliere den Kontakt zu Mara und Johanna immer mehr, sehe nur noch Yannick, habe keine Kraft mehr für alles andere.

Es verletzt mich zutiefst, wenn Yannick mich immer wieder ablehnt und es nur noch Gabriele gestattet, ihm zu essen oder die Medikamente zu geben, ihn anzuziehen oder ins Bett zu bringen. Je mehr ich wieder arbeite und das Haus verlasse, umso mehr weigert er sich, mich irgendetwas für ihn tun zu lassen. Yannicks Ablehnung erinnert mich an seine ersten Sprachversuche, als er im Alter von einem Jahr, damals ganz bestimmt nicht als Ablehnung gemeint, auf meine Aufforderung „Yannick, sag mal Papa" antwortete: „Mama".

Wieder ein Abend, an dem Yannick nicht einschlafen will. Früher ließ er sich ohne Probleme ins Bett bringen. Anders, als wir es von Mara und Johanna gewöhnt waren, brauchten wir ihn nur hinlegen, gute Nacht sagen, und schon kuschelte er sich in sein Kopfkissen zu seinen Stofftieren und schlief ein. Jetzt dauert es immer länger, manchmal versuchen wir es mit beruhigender Musik, mit dem Abspielen einer Kassette mit Walgesängen und der Geschichte des Zuges der Wale. An diesem Abend bleibe ich bei ihm, lege mich neben ihn, versuche, ihn zu beruhigen. Immer wieder öffnet er die Augen und fragt nach seiner Mama. Und immer wieder will er aus dem Bett krabbeln und sie suchen. Ich halte ihn zurück, gewaltsam, halte ihn eisern im Bett fest, lasse ihm keine Chance. Wir lassen unsere Wut aneinander aus. Er „Mama" schreiend, wütend, weinend. Es dauert fast zwei Stunden, bis ich endlich glaube, dass er schläft, es geschafft zu haben. Da öffnet er erneut die Augen und ruft nach Mama. Ich springe aus dem Bett, die Treppe hinunter, zittere am ganzen Körper, rufe Gabriele in der Küche noch zu: „Ich kann nicht mehr, mach du, ich raste aus, ich bringe ihn um, ich drehe ihm den Hals um."

Barfuß raus auf die Straße, hinauf bis zum Wendehammer. In der kühlen Nachtluft beruhige ich mich nur langsam. Der Punkt ist erreicht, an dem es ohne Hilfe für uns nicht mehr geht, wo eine größere Katastrophe droht, als die, die ohnehin stattfindet und noch vor uns liegt. Ich rufe am nächsten Tag W. an,

einen Psychiater, den ich aus gemeinsamer Studentenzeit kenne. Als er hört, worum es geht, arrangiert er
trotz ausgebuchter Sprechzeiten kurzfristig einen Termin. Er erklärt es systemisch: „In extremen Situationen, bei einer Katastrophe ist es nur natürlich, dass alle
im Familiensystem arbeitsteilig reagieren. Während
der eine seine Wut lebt, organisiert der andere die not-
wendigen Schritte."

Manchmal gibt es sie noch, die Situationen, in denen es uns gelingt, als Familie schöne Momente erleben. Ein Ausflug mit dem Fahrrad ins Freibad, Yannick im Fahrradanhänger, den Nachbarn uns geliehen
haben. Oder zum Kakaotrinken in unser geliebtes
Café Kittel. Oder mit Freunden ins Kalymnos, das
griechische Restaurant, dessen Wirt Antonis von den
Kindern „der liebe Mann" genannt wird, weil er ihnen
immer nach dem Essen einen Himbeerlutscher
schenkt. Oder in den Tierpark, den Yannick liebt, diesmal aber zu Bedenken gibt „ich hab Angst vor den La-
mas, dass die spucken".

Oft erzählt uns Yannick seine Träume. Zwischen
Schlaf und vollständiger Wachheit lagen bei ihm schon
immer nur Sekunden. So hat er seinen letzten Traum
oft noch plastisch vor Augen: „Einige Dinos, Fleisch-
fresser, so fünf oder zehn, haben einen großen Wagen
gezogen. Auf dem Wagen ist eine Musikkapelle und
ich spiele die Posaune."

Ein anderes Mal jedoch: „Rat mal, was ich geträumt habe …. nichts, ich konnte mich nicht einigen, welchen Traum ich mir erzählen wollte."

Für einen Sonntag im Mai bin ich mit einem alten Freund zum Wandern verabredet. Yannick will mit, lässt mich nicht ohne ihn gehen. Wie soll ich ihm sagen, dass er nicht mit kann, dass er nicht - nicht mehr - so weit laufen kann? Waren es nicht diese gemeinsamen Spaziergänge mit ihm im Wald, seinem geliebten „düsteren Wald", die uns – auch – so verbunden haben? Und da will ich auf einmal ohne ihn losziehen! Ihn verlassen, zurücklassen! Er bekommt einen Wutanfall, weint. Irgendwann gehe ich, flüchte, fühle mich schlecht, kann die Wanderung keinen Moment genießen, stapfe durch die trübe Landschaft, mit schlechtem Gewissen und dem Wunsch, die Zeit mit Yannick zu verbringen. Als Gabriele uns spät am Nachmittag mit dem Auto in einem Ausflugslokal abholt, sitzt er stolz und bestens gelaunt auf dem Beifahrersitz.

Am nächsten Tag geht es ihm deutlich schlechter, er ist ganz schwach, nähebedürftiger als zuvor. Er stolpert über alles, lässt sich füttern, ist nur noch schwer zu verstehen. Seine Wutanfälle sind seltener geworden, höchstens noch einmal am Tag. Wie passt das zu unserem Optimismus, dass die Therapien anschlagen? Vielleicht ist es nur eine vorübergehende Schwäche. In gut einer Woche ist der Termin für die Nachkontrolle im Klinikum. Dort soll mit MRT-Diagnose der Tumor erneut ausgemessen werden. Der Termin, der die

Ärzte in Erstaunen versetzen wird angesichts des Stagnierens oder sogar Schrumpfens des Tumors. Das ist meine feste Erwartung. So stelle ich es mir vor.

Yannicks Äußerungen klingen anders: „Wenn ich wiedergeboren werde, möchte ich ein Tiger sein ...oder kann man immer nur ein Mensch sein?"

Oder: „Wenn mein Pflaumenbaum einmal ganz viele Pflaumen hat, könnt ihr einen Pflaumenkuchen damit backen". Es gibt mir einen Stich, dass er nicht „wir", sondern „ihr" sagt.

„Wer soll den essen? Isst du mit?" frage ich ihn. Er sagt nichts, irgendwann nickt er.

Yannick lässt sich jetzt jeden Abend aus dem Buch „Igel und Bär" die Geschichte vorlesen, in der dem Bären ein Ast auf den Kopf fällt und er fast stirbt. Hilfe bringt - als Arzt - der vom Raben alarmierte Grünspecht.

„Wer ist denn dein Grünspecht?" frage ich ihn.

„Niemand, das bin ich selbst."

Yannick lässt sich nach Wochen noch einmal überreden, in den Kinderladen zu gehen. Er war immer gerne im „Kila", am Liebsten am Mittwoch, da kommt vormittags die „Musik-Petra" und nachmittags ist Turnen. Wenn er morgens hingebracht wurde, verschwand er sofort mit seinen Freunden im Haus, kaum dass er seinen Anorak an seinen Haken gehängt und die Straßenschuhe in sein Fach gestellt hatte. Die Haken und Fächer aller zwanzig Kinder haben verschiedene Symbole. Yannicks hat ein Schiff. Ein Jahr lang ging er noch zusammen mit Johanna, bis sie in die Grundschule kam. Seit letztem Sommer ist der Kinderladen sein alleiniges Reich. Auch wenn er von Anfang an uns Eltern hier keine Minute vermisste, freute er sich jedes Mal riesig, wenn Gabriele - wie alle Eltern einmal im Monat – an der Reihe war, mittags für alle zusammen zu kochen. Eine Kürbis-Möhren-Suppe, die sogenannte „Hexensuppe" ist ihre Spezialität und war bei den Kindern heiß begehrt.

Der Kinderladen ist in einem alten Haus untergebracht, im Hinterhof, nur über eine Hausdurchfahrt zu erreichen und direkt neben einem Abschleppunternehmen, das jeden Tag viele Male falsch geparkte Autos auf den Hof schleppt. Yannick war immer interessierter Beobachter, stand sofort am Zaun oder an dem silbernen Gittertor, wenn wieder ein Abschleppwagen kam. Die Fahrer kennen ihn alle. Mit einem von ihnen, Paul, hat er sich schon von Ferne angefreundet

Als ich ihn heute hinbringe, will ich direkt wieder gehen, ihn wie früher dort zurücklassen. Doch er verlangt, dass ich bleibe. Ich gehe trotzdem, in der Hoffnung, dass er sich wieder auf seine alte Umgebung einlassen kann, ohne die Nähe seiner Eltern. Aber ich fahre erst gar nicht nach Hause, sondern in die Innenstadt. Irgendetwas zieht mich in den Dom. Ich zünde Kerzen an, versuche ein Gebet. Als ich nach zwei Stunden in den Kinderladen zurückkomme, ist Yannick in Tränen aufgelöst und will nach Hause. Eine Woche später frage ich ihn noch einmal, ob er nicht doch noch mal in der Kinderladen möchte.

„Nee, das ist mir zu stressig" ist seine Antwort.

„Nee, da hab ich kein Interesse dran" stellt er auf meinen letzten Vorstoß am folgenden Tag endgültig klar.

Paul und die anderen Fahrer des Abschleppunternehmens haben Yannick, als sie von seiner Krankheit erfuhren, ein Spielzeug-Abschleppauto geschenkt und ihn zu einer Fahrt auf einem ihrer Fahrzeuge eingeladen. Doch dazu kommt es nicht mehr. Auch nicht zu einem Gastauftritt mit der Mannschaft des Aachener Fußballclubs „Alemannia" bei einem ihrer Spiele im heimischen Stadion, zu dem er auf Vermittlung von Arbeitskollegen eingeladen wurde. Yannick geht es zu schlecht dafür. Aber vor allem ist sein Interesse an diesen Dingen in den letzten Wochen immer mehr geschwunden.

Am Wochenende vor der Nachuntersuchung besuchen wir unsere alten Freunde Stephan und Therese in Krefeld.

„Es ist wie es ist", konstatiert Therese nüchtern, nachdem sie Yannicks torkelnden Gang, seine nur noch schwer verständliche Sprache und seine eingeschränkte Mimik eine Zeit lang beobachtet hat und löst mit diesen Worten des Akzeptierens sprachloses Entsetzen und Unverständnis bei mir aus. Wie kann sie das sagen? Er wird wieder gesund! Er wird es schaffen! Nichts ist, wie es ist, alles wird anders sein!

Der Pfarrer, der die Kinder getauft hat, taucht völlig überraschend vor unserem Haus auf, als die Kinder auf der Straße spielen. Er will sehen, wie es uns geht, ob er helfen kann. Yannick geht auf ihn zu, wie zu einem engen Vertrauten, holt seine Mundharmonika, seine Rhythmusinstrumente, eine aufblasbare Tasche, die Hamid ihm geschenkt hat und führt seinem „Pharao" alles stolz vor.

11

„Ich finde, man soll das Klinikum abreißen. Dann darf da nie wieder ein Haus stehen", erklärt Yannick. Er will nicht zur Nachuntersuchung ins Klinikum.

„Aber man könnte da eine Wiese machen", schlägt Gabriele vor.

„Nein, nur Erde", stellt er klar.

Es kostet uns viel Kraft, Überredungskunst und Versprechungen, ihn nach inzwischen zehn Wochen wieder an den Ort des Beginns unseres gemeinsamen Albtraums zu bringen. Man lässt uns lange warten. Es ist wieder die Oberärztin der Kinderonkologie, die Yannick untersucht. Er weint und will weg. Warum müssen sie ihn messen und wiegen, was soll das, wofür soll das gut sein, all diese Routineuntersuchungen? Später ärgere ich mich, dass wir uns nicht gewehrt haben. Wir werden nicht wieder in das Klinikum zurückkommen. Yannick würde keinen Schritt mehr in dieses Gebäude tun. Für das MRT muss er wieder in einen narkoseähnlichen Zustand versetzt werden. Niemals würde er es ruhig über sich ergehen lassen. Als er wieder aufwacht, weint er, wütet schließlich, lässt sich lange nicht beruhigen. Dass wir beide da sind und ihn halten, hilft nichts, tröstet ihn nicht.

Der Befund ist niederschmetternd. Der Tumor ist um mehrere Zentimeter gewachsen.

Meine Gedanken überschlagen sich, getrieben von Panik: wir müssen unseren Kampf verstärken, unsere Anstrengungen verdoppeln. In den vergangenen zehn Wochen waren wir acht Mal in Holland am Niederrhein beim Magnetiseur und mehrmals bei ihm in Aachen, waren bei dem Heiler im Hunsrück, in der anthroposophischen Klinik in Herdecke, bei der Therapeutin in chinesischer Medizin in Nettetal, viele Male bei Dr. J. und seiner meditativen Behandlung. Wir haben Yannick im Sinne der Selbstheilungsmethode nach Simonton zeichnen lassen, ihm eine nur schwer überschaubare Palette Medikamente verabreicht und ich habe immer wieder Reiki angewendet. Freunde haben versprochen, buddhistische Mönche in Nepal für ihn beten zu lassen und ihre schamanischen Kräfte zu mobilisieren. Aber all das war nicht genug. Oder war es das Falsche?

Schon zwei Tage später geht es erneut mit der ganzen Familie nach s'Heerenberg zum Heiler R.. Auf seinen nächsten Besuch in Aachen wollen wir nicht warten. Wir machen einen Familienausflug daraus, schlendern durch den alten Ortskern und entdecken in einem Blumenladen einen sprechenden Papagei, von dem sich die Kinder kaum losreißen können. Auf der

Rückfahrt sitzen wir am Rheinufer bei Xanten, essen Fritten, schauen auf den Fluss und beobachten die vorbeiziehenden Lastkähne. Die wärmende Sonne, der leichte Wind, die schreienden Möwen und das tiefe Brummen der Motoren der Schiffe, die Kinder friedlich und zufrieden um mich herum: Für einen Moment fällt die ganze Last und Verzweiflung von mir ab. Wir wollen noch nicht zurück nach Hause, wollen diesen Tag auskosten, am besten bis in alle Ewigkeit verlängern. Kurz entschlossen fahren wir nach Duisburg in den Zoo und versuchen, trotz fortgeschrittener Stunde noch möglichst viele der Tiere zu sehen, schaffen es sogar noch, eine Vorführung der Wale und Delfine zu erleben. Yannick ist meistens auf meinem Arm. Er ist zu schwach auf den Beinen in dem weitläufigen Zoogelände. Der Rückweg nach Hause führt über Krefeld, unseren früheren Wohnort – noch eine Gelegenheit, diesen Tag zu verlängern, nur nicht enden zu lassen. Wir verabreden uns spontan mit Freunden in einem dortigen Biergarten, verbringen den lauen Abend zusammen unter bunten Laternen, essen, trinken und erzählen. Es ist spät in der Nacht, als wir zu Hause ankommen und diesen Tag doch noch beschließen müssen.

Wenige Tage später, während die Mädchen in der Schule sind, fahren wir mit Yannick von einem Heiler zum anderen – verbringen viele Stunden und hunderte Kilometer im Auto. Zuerst nach Nettetal, von dort weiter nach s'Heerenberg und anschließend nach Emst in Holland in ein tibetisches medizinisches

Zentrum. Jetzt kommen noch tibetische Medikamente zu den vielen anderen hinzu. Es wird immer schwerer, Yannick zu diesen Ausflügen zu bewegen. Eine Verletzung an meinem Auge, die Yannick mir bei einem seiner Wutanfälle auf dieser Fahrt zufügt, braucht Wochen um abzuheilen.

Freunde berichten von dem bevorstehenden Besuch eines Schamanen aus Amerika, eines indianischen Medizinmannes, der in die Schweiz kommen wird, um Behandlungen durchzuführen. Ich will Yannick unbedingt zu ihm bringen, traue mich aber kaum, mit Gabriele, die immer öfter versucht, mich zu bremsen, darüber zu sprechen. Schließlich muss ich einsehen: Yannick kann eine solche Reise, selbst im Flugzeug, nicht mehr machen.

Von Woche zu Woche wird es wärmer, der Sommer kündigt sich an und unser Leben verlagert sich zunehmend nach draußen in unseren kleinen Garten und auf die Straße vor dem Haus.

„Was ist der Mittelpunkt des Sonnensystems?" stelle ich Yannick eine kleine Fangfrage.

„Der Liegestuhl!" kommt die Antwort, ohne eine Sekunde zu überlegen.

„Du bist meine Braut und ich bin dein Bräutigam" sagt Yannick zu Mara und umarmt sie.

Alle drei spielen vor dem Haus auf der Straße. Yannick will mit seinem Kinderfahrrad mit Stützrädern zum Wendehammer, Picknick machen. Er lässt sich Proviant einpacken, darunter auch Aprikosen.

„Aber langsam fahren!" ermahnt ihn Gabriele.

"Nein, schnell, damit die Aprikosen nicht vergammeln", hält er dagegen.

Später holt sich Yannick seine Schreckschusspistole, die er von Rita zur Taufe bekommen hat. Er hat nicht mehr die Kraft, den Abzug durchzuziehen. Also beauftragt er Mara und Johanna, durch die Briefkastenschlitze unserer Nachbarn Rita und Hamid oder Frank und Eva zu schießen und schaut dabei amüsiert zu.

Am Abend fragen wir ihn, wer ihn heute ins Bett bringen soll. „Gabi ... Mutti!" Er weiß nur zu gut, dass Gabriele es nicht ausstehen kann, Gabi oder Mutti genannt zu werden.

„Hast du am Mund noch Lippenstift?" fragt er sie später.

„Nein, der ist schon längst weg, soll ich mir neuen drauf machen?"

„Nein, der ist so wahnsinnig teuer", entscheidet Yannick.

Wir verfolgen die ersten Fußballspiele der Europameisterschaft in Frankreich im Fernsehen.

„Wenn jetzt kein Tor kommt, raste ich aus", sagt Yannick.

„Wenn jetzt immer noch kein Tor kommt, krieg ich 'ne Krise!" folgt es kurz darauf. Er amüsiert sich über die geballte Sieges-Faust der Spieler, die gerade ein Tor geschossen haben und ahmt sie nach. Ich frage ihn, was er lieber selbst spielt: Schach oder Fußball?

„Fußball, da muss man nicht so viel überlegen", ist seine prompte Antwort.

Viereinhalb Jahre lang hatten wir Yannicks Entwicklung mit Freude beobachtet. Er kann schon dies, er kann schon das, berichteten wir uns gegenseitig und anderen. Jetzt ist das „schon" dem „noch", oder sogar dem „nicht mehr" gewichen. Es beginnt ein Abschiednehmen für ihn und für uns, von dem was er kann, was gerade noch war. Immer mehr seiner Fähigkeiten und Ausdrucksmöglichkeiten gehen verloren: die Motorik, die Mimik, das Sprechen. Für mich ein Abschiednehmen ohne jedes Akzeptieren, immer in der Hoffnung der bevorstehenden Wende, der vollständigen Genesung.

Yannick kann sich kaum noch auf den Beinen halten, ist nur noch mühsam zu verstehen. Er will mit meinem Bruder Gerd Fußball spielen. Auf unserem kleinen Rasenstück schiebt Gerd ihm den Ball zu. Fast jedes Mal, wenn Yannick zurückschießen will, gerät er aus dem Gleichgewicht, torkelt, fällt um. Es dreht mir das Herz um bei dem Anblick und bei dem Gedanken, mit welchem strammen und präzisen Schuss er im letzten Sommer die Bälle zurückgebracht hat.

„Wenn ich wieder gesund bin, geh ich in den Fußballverein", kündigt er unverdrossen an, wohl in der Hoffnung, mich aufzumuntern. Ja, das war auch meine Vorstellung: ich hatte mir fest vorgenommen, ihn in diesem Sommer in einem Fußballverein anzumelden, hätte die Samstage und Sonntage, die mich das gekostet hätte, gerne in Kauf genommen. Yannick liebt Fußball und zeigte vor dem Beginn seiner Krankheit aus meiner laienhaften Sicht des stolzen Vaters, der noch nie Fußball gespielt hat, großes Talent. Es ist schon zwei Jahre her, als wir im verregneten Bornholm versuchten, mit einem mitgebrachten Schwarzweiß-Fernseher mit Zimmerantenne Bilder der damaligen Fußballweltmeisterschaft zu erhaschen. Die wenigen und schlechten Bilder reichten Yannick, um sein Interesse zu wecken und mich fortlaufend aufzufordern „du sollst mit mir Fußball pielen". Das „s" konnte er damals mit seinen zwei Jahren noch nicht gut aussprechen. Dafür hatte er aber schon damals einen beachtlichen Schuss.

Nicht nur beim Fußball würde Yannick das sein, was ich nie war, sollte sich in ihm verwirklichen, was mir fehlte. Er war sportlich, würde nicht mit Vierern und Fünfern im Schulsport nach Hause kommen, wie ich seinerzeit. Er würde im Sportunterricht nicht wie ich immer der Letzte sein, der bei der Zusammenstellung der Mannschaften ausgewählt wird, sondern vielleicht sogar der Mannschaftskapitän, der selbst die Auswahl trifft. Mir wird schmerzhaft bewusst, wie sehr ich in Yannick die Erfüllung all dessen gesehen habe, was mir versagt blieb, ich nicht erreichen, nicht sein konnte. Er hat den Mut und die Unbefangenheit, auf die Welt zuzugehen, hat keine Scheu vor Fremden, hat nichts von meiner Zurückhaltung und Schüchternheit geerbt, die mich meine ganze Kindheit und Jugend begleitet und gebremst haben. Yannick gibt den Erwachsenen, mit denen er in Kontakt treten will, erst einmal schelmisch einen Klaps auf den Po. Ein Foto zeigt ihn im Alter von einem Jahr an der Strandpromenade in Gomera zwischen zwei alten Einheimischen stehen, wie sie alle drei auf das Meer hinausblicken. In dem kleinen Restaurant „Sebastian" dort stellte er sich damals in einem Anflug ausgelassenster Stimmung auf seinen Stuhl, wandte sich dem Gastraum zu und begann einen unartikulierten Vortrag in den Raum zu krähen. Schon damals flogen ihm überall die Herzen zu, öffnete sein Charme ihm alle Türen. Er ist hübsch, attraktiv, gerade gewachsen mit blonden Locken und seinen hellen, bunten Augen. Die Mädchen würden später in Scharen hinter ihm her sein. Er würde nicht so gehemmt sein und sich so schwer tun in Liebesdingen, wie ich in meiner Jugend. Er würde alles das sein, was ich nicht war und was ich gerne gewesen wäre. Wenn er stirbt, kann meine Vollendung in ihm nicht mehr stattfinden. Ich wäre erneut um diese Dinge betrogen, die mir nicht vergönnt waren. Er hat alles, und er ist mein einziger Sohn. Ich beginne, die Herkunft meiner grenzenlosen Wut zu erahnen.

Yannick baut sich auf dem Fußboden im Flur ein Nest aus frisch gewaschener Wäsche und rollt sich in der Mitte zusammen. „Weißt du, was ich mir wünsche?" fragt er Gabriele. „Dass ich ein Vogel wär".

Sommer

1

„Ich fahre auf jeden Fall, und wenn ich ihn tragen muss". Gabrieles Entschluss ist unumstößlich. Mir erscheint es abwegig, unverantwortlich. Was würde mehr als tausend Kilometer entfernt passieren? Wenn Yannick Schmerzen bekäme, Komplikationen? In einem französischen Krankenhaus, fast ohne Sprachkenntnisse. Und in diesem Zustand auch noch im Zelt: unmöglich! Meine Bedingung ist, dass eine große Ferienwohnung für uns frei sein muss. Ich werde in kein Zelt gehen. Ich weiß, dass es mehrere kleine Holz-Bungalows gibt, aber auch drei Wohnungen in einem alten Steinhaus, alle auf dem Gelände des kleinen Campingplatzes am Hérault in den südlichen Ausläufern der Cevennen. Aber diese Wohnungen sind ganz sicher schon seit Monaten im Voraus ausgebucht. Meine Bedingung wird also nicht erfüllbar sein.

„Wir werden dieses Jahr nicht wegfahren können. Wir müssen uns überlegen, was wir Schönes zu Hause in den Ferien machen können." Maras und Johannas Enttäuschung auf meine Worte ist deutlich erkennbar, aber sie sagen nichts, opponieren nicht.

Im letzten Sommer war es das erste Mal, dass wir zusammen auf diesem kleinen verwunschen Platz unseren Urlaub verbracht haben, in einem engen Tal, versteckt unter hohen Bäumen, direkt an dem hier aufgestauten Flüsschen. Ein wahrer Kraft-Ort, liebevoll und sehr einfach, phantasievoll und „alternativ" gestaltet von einem „Aussteiger", der die Bewirtschaftung inzwischen an seinen Sohn Eric und dessen portugiesische Frau Maria abgegeben hat. Viele unserer Freunde werden diesen Sommer wieder dort sein. Auch Stephan und Therese aus Krefeld mit ihren Kindern. Sie haben den Platz vor ein paar Jahren auf einer ihrer Frankreich-Rundfahrten entdeckt.

Ich kann die Enttäuschung der Mädchen gut verstehen. Sie ist auch meine eigene.

„Im Steinhaus ist die große Wohnung mit vier Schlafzimmern für drei Wochen frei. Eine Reservierung dort ist gerade erst storniert worden!" Stephan hat Eric angerufen und überrascht uns mit dieser Meldung, die eine Woche vor Ferienbeginn alles über den Haufen wirft. Früher wäre es für uns einfach Zufall, Glück gewesen. Ich beginne zu begreifen, was mit „Fügung" gemeint ist, spüre Kräfte am Werk, die ich nicht erfassen, nicht benennen kann. Warum ist genau in diesen drei Wochen ausgerechnet die für uns so genau passende Wohnung so plötzlich freigeworden? Was wir noch nicht wissen können: die an diese ersten drei Wochen sich anschließenden Reservierungen würden ebenfalls eine nach der anderen abgesagt werden, so dass wir nach zweimaliger Verlängerung mehr als vier Wochen dort bleiben können.

Sofort beginnen die Reisevorbereitungen.

„Das wird kein, Urlaub, wie wir ihn kennen, in dem wir uns erholen und die Zeit mit den Freunden verbringen können" gebe ich noch zu Bedenken. Aber meine Zweifel werden nicht mehr gehört.

„Du wirst dich dort permanent um Yannick kümmern müssen, ihn halten, nur für ihn da sein" insistiere ich bei Gabriele und kann mich dabei nicht freimachen von der uns in der vergangenen Woche gestellten Diagnose des Vertreters der sogenannten „Neuen Medizin", des Heilpraktikers M., dessen Konsultation uns von dem Heiler im Hunsrück empfohlen worden war. So sind wir, die CT-Aufnahmen von Yannicks Gehirn im Gepäck, nach Köln zu diesem „Therapeuten" gefahren. Seine Therapieempfehlung: Yannicks Kopf kühl halten, um das „Ödem" zum Abschwellen zu bringen und vor allem die permanente Liebe der Mutter. Gabriele hat versucht, es sich nicht anmerken zu lassen, aber es war deutlich zu spüren, wie der darin enthaltene Vorwurf sie kränkte, sie hätte Yannick nicht ausreichend Liebe gegeben.

Während wir an jenem Tag in Köln waren, haben die Kinder bei unseren Freunden und Nachbarn Gerd und Cordula Tonfiguren gemacht. Gerd wird noch Jahre später mit Yannick die Erinnerung an dessen Freude und Begeisterung verbinden, als er die Tonklumpen aus Spaß von unten gegen das Glasdach der

Terrasse warf, wo sie erst eine Zeitlang hängen blieben, um sich dann zu lösen und auf das Terrassenpflaster herunter zu platschen. Yannick konnte es nicht oft genug sehen, amüsierte sich königlich. Er hat aus dem Ton eine Schlange gemacht. Sie ist sein Geschenk für mich zu meinem Geburtstag, dem Tag unserer Abreise. Es ist sein letztes Geschenk. Ich weiß nicht mehr, wann sie in drei Teile zerbrach.

Yannicks Zustand verschlechtert sich täglich. Anders als für Gabriele ist für mich noch bis zum Tag vor der Abreise nicht sicher, ob wir fahren können. Aber wir fahren – zum letzten Mal zu fünft, als ganze Familie, an den Ort des Abschieds, der intensiven Begegnung mit meinem Sohn, des Festhaltens und Loslassens, der Trauer und Sehnsucht. Im Gepäck eine Reiserückholversicherung und der Auslandsschutzbrief des ADAC, die Buggy-Spezialanfertigung für Yannick, die er nach wie vor auf das Heftigste ablehnt (wir zweifeln am Ende, den Buggy überhaupt mitzunehmen: schließlich läuft er ja!), Telefonnummern und Adressen von Ärzten und Kliniken, ein Haufen Medikamente und Hilfsmittel und ein flaues Gefühl im Bauch, wie diese Reise verlaufen wird. Wir fahren mit dem voll beladenen Citroen-Van, dessen Typbezeichnung „Evasion" von uns jetzt mit „Fluchtauto" übersetzt wird.

Übernachtung in Nancy. Eine große moderne Hotelanlage am Stadtrand nahe der Autobahn. Die Kin-

der lieben Hotelübernachtungen. „Da gibt's Schokolade auf den Kopfkissen" ist für Yannick die wichtigste Erinnerung an eine Übernachtung im letzten
Jahr. Den Weg vom Parkplatz ins Hotel kann Yannick
nur noch an unserer Hand zurücklegen. An der Re-
zeption ein Glas mit Bonbons. Wir bekommen zwei
nebeneinander liegende Zimmer mit Verbindungstür.
In den Betten liegen plötzlich Bonbons auf jedem
Kopfkissen. Eine Aktion von Yannick. Er gluckst vor
Lachen. Es ist heiß an diesem Abend. Heute ist das
Endspiel der Fußballeuropameisterschaften. Frank-
reich zu Hause gegen Italien. In jedem der beiden
Zimmer läuft der Fernseher. Wir sitzen nackt davor.
Die Kinder laufen von einem Fernseher zum anderen.
Wir sind in Frankreich, also halten wir zu Frankreich:
„Zi-, Zi-, Zidane!". Frankreich gewinnt. Ich denke da-
ran, wie sehr ich in Yannick bereits den zukünftigen
Zidane gesehen habe. Und jetzt kann er kaum mehr
laufen. Halbzeitpause: Yannick genießt in der Badewanne liegend die lauwarme Dusche, lässt sie sich mi-
nutenlang auf den Hinterkopf prasseln. Ich stelle mir
vor, wie sein „Knubbel" aufgelöst, hinweg gespült
wird. Konzentriere mich auf den Gedanken. Wer weiß
schon, welche Macht die Gedanken haben.

Weiter nach Süden. Jetzt durch das Land des Welt-
und Europameisters. Wir machen Pause in dem schon
etwas mediterranen Tournus, einem alten Ort nahe
der Autobahn. Schon im vergangenen Jahr haben wir
in diesem pittoresken Städtchen, das von einer gewaltigen romanischen Kirche dominiert wird, eine Rast

eingelegt. Auf dem Kirchenvorplatz unter Sonnen-
schirmen unser Mittagessen: Fritten für die Kinder,
Salat für uns, französische Orangina-Limonade. Gabriele will die Kirche noch einmal besichtigen, Fotos
machen. Sie kommt unverrichteter Dinge zurück.
„Ein Gottesdienst, wohl eine Trauerfeier", sagt sie.

Als wir aufbrechen wollen, wird der Sarg herausge-
tragen. Eine Prozession folgt ihm. Die Glocken läuten. Die Sonn e brennt. Wir steigen ins Auto und fahren weiter. Schweigen. Ohne sie anzusehen, spüre ich
auch Gabrieles Schrecken über dieses weitere Zeichen.
Nichts mehr von dem, was um uns herum geschieht,
ist Zufall.

Einmal noch Fritten auf einem Autobahnrastplatz.
Immer weiter nach Süden, Lyon, Nîmes. Abends erreichen wir Ganges, zwanzig Kilometer vom Ziel entfernt. Hier wollen wir die Nacht verbringen, da wir
erst ab morgen die Wohnung des Campingplatzbetrei-
bers Eric gemietet haben, der mit seiner Familie das
Haus noch räumen muss, um dann selber in Zelten auf
dem Gelände den Sommer zu verbringen.

Wir bekommen ein Zimmer im „Hotel de la Post"
am alten Marktplatz von Ganges. Yannick besteht darauf, die zwei Etagen zum Hotel selbst hinaufzustei-
gen, seine Kuscheltiere im Arm. Bobo (der Siggikid-
Hund), Mausi (von der Sendung mit der Maus) und
Schafi (das Schaf). Wir wissen, sobald wir versuchen,
ihm gegen seinen Willen zu helfen, ihm etwas abneh-
men, ihn womöglich auf den Arm nehmen, ist ein
Wutanfall die Folge, der an diesem Abend nicht mehr

enden wird. Also quält er sich Stufe für Stufe hoch. Er nimmt seine ganze Kraft, seine ganze Moral zusammen. Kämpft verzweifelt gegen sein täglich wachsendes Unvermögen an. Den ganzen Tag hat er in seinem Autokindersitz gesessen, mit den Mädchen Quatsch gemacht, sich mit ihnen amüsiert, die immer mediterraner werdende Landschaft betrachtet, Kassetten mit Geschichten und Kinderliedern gehört oder einfach geschlafen, war von einem gesunden Kind nur schwer zu unterscheiden. Jetzt, während dieser quälenden Minuten im Zeitlupentempo auf der Treppe, tritt uns allen, vor allem aber ihm selbst, seine Krankheit wieder brutal ins Bewusstsein. Noch eine Stufe. Pause.

„Willst du nicht doch auf den Arm?"

Nein! Ungeduld, Verzweiflung und Hilflosigkeit durchfluten mich. Ich bleibe hinter Yannick, um ihn auffangen zu können, falls er fällt. Es tut weh, ihn so zu sehen. Und doch: was für ein Wille, welch eine Moral! Wie beschämend meine Ungeduld. Ich fürchte, es könnte jederzeit kippen, habe Angst vor seiner Verzweiflung und seiner Wut, wenn er es nicht aus eigener Kraft schafft. Die Minuten ziehen sich hin, zehn, fünfzehn. Er schafft es.

2

Am nächsten Morgen werden wir bei unserer Ankunft auf dem Campingplatz „La Corconne" auf das herzlichste begrüßt. Verschiedene Freunde sind schon angekommen. Stephan und Therese mit dem zehnjährigen Marius und der dreijährigen Judith in ihrem alten blauen Wohnmobil auf dem gleichen Stellplatz wie im Vorjahr. Yannick und Judith hatten sich hier im letzten Sommer auf das Innigste angefreundet. Die damals Zwei- und Dreijährigen waren beide große Sprücheklopfer. „Papa, halt du dich da raus" war so ein Ausspruch von Judith, der auf begeisterte und ausgiebige Nachahmung durch Yannick stieß. Diesmal würden die beiden wohl kaum miteinander spielen können. Jochen und Karola, im gleichen kleinen Holzbungalow oben im Wald wie im Vorjahr, mit Marius´ gleichaltrigem Freund Jan und mit Liv im Alter von Mara und Johanna. Zwei weitere befreundete Familien aus Krefeld und eine aus Aachen mit ihren Kindern, die in denselben Kinderladen gingen, wie unsere.

Wir sind da, haben es geschafft. Alles ist uns sofort vertraut: Die grünen bewaldeten Berge beiderseits des engen Tals, der kleine Fluss direkt am Platz mit seinen Stromschnellen und den aufgestauten Bereichen zum Schwimmen. Die geländerlose alte Steinbrücke, die von der Straße über den Fluss auf den Platz führt, der kleine Laden in dem Häuschen der Rezeption, wo sich die Kinder bei Maria wieder mit Eis, Eistee und Süßigkeiten eindecken werden. Im letzten Sommer liebten sie diesen von Erics Vater selbstgebauten Laden mit seiner Bonbonvitrine unter der Verkaufstheke, genau in Augenhöhe der Kinder. Daneben das urige weinbewachsene Restaurant „Le Tunnel" mit dem Aquarium, wo es jeden Mittwochabend wieder die Menüs mit Live-Konzert geben wird. Dann der schattige Platz, wo die Kinder in der alten Hollywoodschaukel, deren Polster nur noch zu erahnen ist, immer ihre Orangina oder ihren Eistee „Himbeer" tranken. Der Spielplatz mit den unsäglichen verrosteten und verstaubten Geräten, rostenden Autos und einer alten Schiffschaukel, die im vergangenen Jahr die eine oder andere Platzwunde verursachte. Die Schmetterlinge, der Lärm der Zikaden. Es ist ein paradiesischer Platz, ein blühender Garten mit Wasserrinnen und Becken und versteckten Orten.

Wir beziehen das mit wildem Wein überwucherte alte Bruchsteinhaus am oberen Ende des Campingplatzes. Drinnen ist es wohltuend kühl und unsere Augen müssen sich erst an die Dunkelheit gewöhnen, als wir aus der Hitze und dem gleißenden Sonnenlicht in den großen, nur durch kleine Fenster in der dicken Bruchsteinwand belichteten Wohnraum treten. Daneben die Küche, nach hinten ein Bad mit einer alten blauen Emaillebadewanne und Blick auf die Berge, im Obergeschoss vier Schlafzimmer und ein weiteres Bad. Wir können uns nur schwer entscheiden, welches der Zimmer das schönste ist. Alle sind schlicht und hell. Wir räumen um. Mara und Johanna in ein Zimmer, wir mit Yannick, Matratzen auf dem Boden, in ein anderes. Diese Konstellation wird so anhalten: Wir, Yannick in die Mitte nehmend, und die beiden Mädchen, auf sich gestellt und immer mehr auf sich bezogen. Mara und Johanna werden in den nächsten Wochen auf dem Platz ihr Eigenleben führen, sind oft Stunden unterwegs, haben sich gegenseitig und ihre gleichaltrigen Freundinnen: Liv, Svenja, Hannah, Anna. Sie basteln Anhänger aus Zweigen, bemalen Steine, malen Bilder und verkaufen sie an improvisierten Verkaufsständen auf dem Campingplatz. Kaufen von dem Erlös Süßigkeiten bei Maria und verkaufen oder verlosen sie weiter. Sitzen auf „ihrem" Felsen am Fluss – für uns der „Affenfelsen" - und beobachten das Badeleben. So schaffen sie Raum für meinen Abschied von Yannick.

Der junge Campingplatzbetreiber Eric, ein bärtiger schmaler Franzose, der fließend Deutsch spricht, und seine Frau Maria waren über unsere Situation durch die anderen bereits informiert. Zurückhaltend und diskret ist ihre Hilfe, wohltuend spüren wir ihre immer präsente Unterstützung und Sympathie. Yannick darf in den Wohnbereich der Familie, um den Wurf kleiner Kaninchen zu sehen und in ihrem Wachstum zu verfolgen. Und er bekommt immer wieder kleinste Aufmerksamkeiten. Später erzählt uns Eric die Geschichte von seinem Bruder, der vor kurzem bei einem Motoradunfall getötet wurde.

In den ersten Tagen unternehme ich gelegentlich noch etwas ohne Yannick, fahre mit den anderen Männern nach Le Vigan zum Einkaufen im „Super-U" und zum Kaffeetrinken. Das kleine Städtchen zeigt sich an diesem Vormittag besonders lebendig und geschäftig. Normalerweise hätte ich es genossen, zusammen mit den anderen im Café einmal die Familie ein paar Kilometer hinter mir zu lassen. Die Freunde nutzen die Gelegenheit, unsere Situation anzusprechen, ohne dass die Kinder mithören, um einschätzen zu können, was sie erwartet und was wir von ihnen an Hilfe und Unterstützung brauchen. Ich will zurück, merke dass ich nur ein Bedürfnis habe: bei meinem Sohn sein. Ich will die Entlastung durch andere nicht, nicht mehr, spüre, dass jetzt jede Minute Trennung von Yannick unwiederbringlich sein wird. Dann kann ich den Gesprächen der anderen immer weniger folgen. Meine Gedanken schweifen ab. Ich erinnere mich, wie wir im vergangenen Jahr in diesem Café mit Yannick auf der Toilette waren und er nicht pinkeln konnte, weil ihm das bläuliche Licht unangenehm war und ihn der Geruch störte. Da war er schon immer sehr empfindlich, ein Ästhet: grelles Licht, unangenehme Farben und Gerüche stören ihn gewaltig und eigentlich müssten wir uns erst die Toiletten näher ansehen, bevor wir mit ihm irgendwo einkehren.

Wenige Tage später ein Ausflug einer großen Gruppe zur Besteigung des Pic St. Loup: Ich fahre mit Mara und Johanna mit. Gabriele bleibt mit Yannick auf dem Platz zurück. Aber er will wieder unbedingt mit, ist wütend und beleidigt. Es ist schwer, ihm klar zu machen, dass er nicht mitwandern kann. Yannick zurückzulassen fällt mir schwer, tut auch an diesem Tag weh.

„Wie ist es wenn das eigene Kind stirbt? Wie kann das Leben danach weiter gehen?" spreche ich Karola auf dem Abstieg an. Sie hat vor Jahren eine Tochter durch den „plötzlichen Kindstod" verloren. Aber sie kann keine Antwort geben, die mir irgendwie weiterhelfen würde.

„Was sollen wir heute machen?" frage ich Yannick am folgenden Morgen. Es fällt ihm jeden Tag schwerer, seine Beine zu benutzen.

„Wandern gehen!" ist seine klare Ansage.

„Können deine Beine denn wandern?" frage ich skeptisch.

„Selbstverständlich!"

Samstags ist Markt in Le Vigan. Ein buntes Treiben auf dem zentralen, wie eine Banane gebogenen Platz und in den Gassen der Altstadt. Neben Kunsthandwerk für die Touristen vor allem Stände mit Gewürzen, Käse, Oliven, Früchten und Gemüse. Auf einem kleinen Platz steht wie schon im vergangenen Jahr ein Fischhändler, der die Ladefläche seines Pick-Up zu einem Aquarium für Forellen umgerüstet hat. Yannick bleibt fasziniert davor stehen und kann sich nicht mehr losreißen. Der Fischhändler greift mit seinem Kescher eine Forelle aus dem Wasserbassin, zeigt sie dem Kunden und - wenn dieser zustimmt - zieht er sich einen Plastikhandschuh über, packt den Fisch und schlägt ihm zweimal mit einem stumpfen Holz auf den Kopf, was ihn sofort tötet. Selber den Tod vor Augen, hat Yannick mit dieser Zeremonie nicht die geringsten Probleme, schaut sie sich immer wieder mit großer Aufmerksamkeit an.

Auch bei uns zu Hause war der Fischstand auf dem Markt immer Yannicks bevorzugtes Ziel. Er bestaunte die große Menge großer und kleiner Fische mit offen stehenden Mäulern und toten Augen. „Yannick, sollen wir den Fisch kaufen? Zu Hause schreien Mara und Johanna bestimmt, wenn sie ihn sehen `ihh, guckt mal, die Glubsch-Augen´." Als die beiden Mädchen kurz darauf aus der Schule nach Hause kamen und den Fisch sahen, riefen sie wie bestellt „Ihh – guck mal die Glubsch-Augen!" Yannick prustete jedes Mal vor Vergnügen. Er liebt es, den ganzen Fisch einschließlich Kopf und Schwanz auf dem Teller zu haben. Mara und Johanna dagegen ist der Appetit auf Fisch dann erst einmal vergangen.

Yannick macht seine Späße, so lange es ihm möglich ist. Eines Abends, am Anfang des Urlaubs, als er noch stehen und gehen kann, beginnt er, als die Mädchen am Zähneputzen sind, Mara von hinten die Unterhose herunterzuziehen, hat einen Riesenspaß daran, den Mara allerdings ganz und gar nicht teilen kann. Am Frühstückstisch auf der weinbewachsenen Terrasse legt er seinen Unterarm auf den großen roh gezimmerten Holztisch, quer darauf das gerade gekaufte frische Baguette und haut mit der anderen Hand auf das in der Luft schwebende Baguette-Ende, so dass das ganze Brot meterweit durch die Luft wirbelt.

Gelegentlich mache ich noch meine morgendlichen Gymnastikübungen, die ich während meiner Kur vor eineinhalb Jahren begonnen habe. Yannick ahmt sie immer wieder scherzhaft nach. Heute will er mir eine selbst erfundene Übung zeigen: Auf einem Bein dreimal hüpfen. Er scheitert kläglich damit. Vor wenigen Wochen hätte er das sicherlich noch ohne Probleme fertiggebracht. Es ist bitter - ich weiß nicht für wen von uns beiden mehr -, feststellen zu müssen, dass Yannick Fähigkeiten, die er gerade noch hatte, auf einmal verliert. Er tut mir Leid. Das Mitleid tut weh. Ich will meinen Sohn nicht bemitleiden und er weist Mitleid zurück, wann immer er es spürt. Yannick selber erträgt seine Niederlage erstaunlich gelassen, nimmt Anlauf, springt wie ein großer Frosch auf das Bett, wiederholt das mehrmals und ist wieder mit sich zufrieden.

Morgens nach dem Aufstehen gehen, im Wechsel mal die beiden Mädchen mal ich zusammen mit Yannick den steilen Fahrweg hinunter zum Lädchen am Eingang des Campingplatzes, um die am Vortag bestellten Croissants für jeden und ein Baguette für alle zum Frühstück heraufzuholen. An den ersten Tagen nach unserer Ankunft geht Yannick noch ganz langsam an meiner Hand. Nur das linke Bein zieht er beim Gehen sichtlich nach. Von Woche zu Woche geht es schlechter, bis ich ihn schließlich auf dem Arm tragen muss.

„Arm!"-schreiend hatte Yannick bereits verlangt, getragen zu werden, bevor wir von seiner Krankheit wussten. "Du kannst laufen, bist groß genug, bist mir zu schwer zum Tragen." Als pure Lauffaulheit haben wir es im Frühjahr im Van-Halfern-Park in Aachen noch abgetan. Es waren vielleicht noch zweihundert Meter bis zum Auto, als Yannick nicht mehr gehen wollte. Er setzte sich auf den Weg und heulte. Als er sich nicht zum Weitergehen bewegen ließ, gingen wir schließlich ohne ihn zum Auto, ließen ihn sitzen, weiter heulend, schreiend. Irgendwann ging ich zurück, nahm ihn grob auf den Arm, trug ihn wütend zum Auto und packte ihn auf seinen Sitz. Zurückblickend tut es bitter weh, ihn nichts ahnend so gequält zu haben.

„Welcher Berg ist schöner?" Auf unserem Weg hinunter zum Lädchen betrachten wir die dem Tal gegenüberliegenden bewaldeten Berge, die jedes Mal auf andere Weise in der Morgensonne erstrahlen. Begrüßen jeden Berg und alle uns inzwischen vertrauten Bäume am Wegesrand mit einem „Bon jour", die Birke, die dicke Pinie, die kleine Pinie, die Wildkirsche und die vielen anderen. Mit den Croissants und dem Baguette treten wir den steilen Weg wieder hinauf zum Haus an. Das morgendliche Brötchenholen wird ein immer intimeres und vertrauteres Ritual zwischen uns beiden. Wir kennen jede Pflanze, jeden Ausblick, jedes Detail auf diesen vielleicht hundert Metern und verbinden gemeinsame Geschichten damit.

Ich erinnere mich an das Brot-Holen im letzten Sommer, als wir mit dem alten Bungalowzelt von Freunden hier auf dem Platz waren - der erste Campingurlaub mit den Kindern. Wie Mara und Yannick eines Morgens zum Laden hinuntergingen, um das Baguette zu holen und Yannick bei der Rückkehr mit einer Hand hinter dem Rücken ein bedauerndes Gesicht machte und sagte, dass es leider, leider kein Baguette mehr gegeben habe. Nur hatte er versehentlich die falsche Hand hinter den Rücken gehalten – die leere, nicht die mit dem Baguette, das er gut sichtbar vor sich her trug.

In den folgenden Wochen wird auch der Weg zum Badeplatz am Fluss zu einem solchen Ritual: Vorbei am Lädchen endet der Fahrweg etwa hundert Meter weiter, oberhalb einer von jungen Franzosen direkt am Kiesbett des Flusses eingerichteten kleinen Snackbar. Wir müssen über den groben Kies und die vom Wasser glattgeschliffenen Steine balancieren und das Flüsschen durchwaten, um zu der kleinen steinigen Strandinsel zu gelangen, auf der die Campingplatzurlauber lagern. Ein wenig aufgestaut bietet der Fluss hier eine Strecke von vielleicht fünfzig Metern zum Schwimmen, überragt vom „Affenfelsen" am gegenüberliegenden Ufer, von dem aus die älteren Kinder und Jugendlichen in den Fluss springen können, oder einfach nur das Leben am Wasser beobachten. Mit Sonnenschirm und Schwimmutensilien bewaffnet ist hier jeden Tag der Treffpunkt mit den anderen Familien, soweit nicht die eine oder andere oder mehrere zusammen als Gruppe einen Tagesausflug unternimmt. Gespräche, Baden im Fluss, lesen. Zur Mittagspause wieder zurück zum Haus, Essen, Ausruhen in der Hängematte unter der Weinlaube, gegebenenfalls ein Mittagsschlaf und dann wieder zum Fluss So vergehen die Tage. Ich trage Yannick auf dem Arm hinauf und hinunter, Gabriele nimmt die Schwimmsachen und Sonnenschirme. Am Flussufer halte ich ihn auf dem Schoß.

„Vorsicht vor den Stechfliegen!" Ich rette ihn gerade noch rechtzeitig vor einem schmerzhaften Stich.

„Doof, dass die nicht ausgestorben sind", bedauert er und denkt dabei offenbar an die ihm so vertrauten Dinosaurier.

Yannick liebt das Wasser. „Los, mein kleiner Flusspirat" ist das Startsignal für ihn. Die in diesem Sommer besonders verbreiteten und beliebten Schwimmreifen, aufblasbare und als LKW-Reifen bedruckte Schwimmringe, ermöglichen es Yannick, sich selbständig im Wasser zu bewegen. Mit Schwimmflügeln gesichert legen wir ihn bäuchlings auf einen Reifen. Mit den Armen, soweit er sie noch bewegen kann, vor allem aber mit den Beinen paddelt er nun im aufgestauten Flussabschnitt ohne fremde Hilfe herum. Was an Land nicht mehr geht – auf dem Wasser ist er auf diese Weise noch lange selbständig unterwegs. Er genießt es, lässt sich treiben, flirtet mit anderen Schwimmern, macht sich einen Spaß daraus, den größeren Mädchen in die Quere zu kommen. Nur zweierlei kann er nicht ausstehen und quittiert es regelmäßig mit dem Stinkefinger: Wenn ich ihn dabei filme, und wenn ich komme, um ihm die Haare am Hinterkopf nass zu machen. „Eine Kühlung!" Mir gelingt es nicht, die Worte und Empfehlungen des Heilers M. einfach beiseite zu schieben, der Tumor sei in Wahrheit eine Schwellung und durch Kühlhalten würde man sein Abschwellen unterstützen.

Wenn die Schatten länger werden und der „Strand"-tag zu Ende geht, liegt die Snackbar so nahe am Weg zum Haus, dass die Eistafel und andere Verheißungen, wie selbstgemachter „Cheesecake à la framboise" oder „Gateau au Chocolat", sich kaum umgehen lassen. Yannick liebt Himbeeren und damit auch diesen himmlischen Cheesecake. „Die Himbeeren in Frankreich schmecken phantastisch und vertraulich" lautet sein Urteil.

Aber den Kuchen zu essen, die Bissen herunterzuschlucken, wird von Tag zu Tag schwieriger. Schließlich verarbeiten wir ihn zu einer breiartigen Substanz, zerdrücken ihn und füttern ihn mit dem Löffel. Das Eisessen ist noch heikler. Eis am Stiel wird zu Eis auf dem Teller. Nach jedem Eisessen muss Yannicks T-Shirt gewechselt werden, bis uns der geniale Einfall mit dem Strohhalm kommt: Das geschmolzene Calypso-Eis kann er mit dem Strohhalm ganz einfach aus der Hülle saugen. In Höhe der Snackbar gilt Yannicks Aufmerksamkeit aber nicht nur dem Eis und dem Kuchen. Einmal fiel ihm am Wegesrand ein außergewöhnlicher weißer, etwa dreißig Zentimeter langer Stein auf. Seither macht er uns jedes Mal, wenn wir dort vorbeikommen, auf ihn aufmerksam und lacht. Heute liegt er bei uns zu Hause am Rande des Gartenteichs: Yannicks Stein.

Yannick kann seinen Mund immer weniger öffnen. Irgendwann ist es nur noch ein Spalt. Die Croissants bekommt er noch hinein. Aber seine Zunge ist zunehmend von Lähmung befallen. So wie das Sprechen immer schwieriger und leiser wird, wird auch das Essen für ihn von Tag zu Tag mühsamer. Das Kauen wird zum Lutschen, das Schlucken zu einem Abenteuer, immer verbunden mit der Angst, er könne sich so verschlucken, dass er daran erstickt, dass etwas in die Luftröhre gelangt und er sich eine tödliche Lungenentzündung zuzieht. „Das Fischstäbchen hat nicht den richtigen Weg gefunden", kommentierte er vor einigen Wochen einen solchen Vorfall.

Er lutscht langsam sein Croissant, hält sich noch mühsam an seinem Platz auf der Bank auf der schattigen Terrasse und flüstert mir lachend ins Ohr: „Das schmeckt herrlich und behaglich".

Je schwerer Yannick das Sprechen fällt, umso mehr baut er seine Gebärdensprache aus. Wenn ihm etwas nicht passt, hält er den Stinkefinger hoch und hat dabei großen Spaß. Wenn er sich freut, fuchtelt er heftig mit den Armen oder haut wild mit der rechten Hand – die linke kann es nicht mehr - auf dem Tisch herum. Er bevorzugt jetzt Spiele, die ohne Sprache und anspruchsvolle Motorik auskommen. Für „Schnickschnack-schnuck" entwickelt er eine besondere Vorliebe. Später verlegt er sich immer mehr darauf, die

verschiedensten Tätigkeiten pantomimisch darzustel-
len: Gitarre, Geige oder Mundharmonika spielen, Rauchen und Anderes.

Was die Anwesenden oft weniger amüsiert, ist Yannicks Art, sich gelegentlich auch über Gerüche mitzuteilen. Wenn er pupsen muss, zeigt er auf seinen Po,
wenn er aufstoßen muss, zeigt er auf seinen Mund, jeweils mit der Aufforderung, doch daran zu riechen.
Aber es ist nicht nur der Spaß, andere zu necken. Es
ist gleichzeitig immer auch sein Wunsch, uns und alle
in seiner Nähe an seinem Erleben teilhaben zu lassen.
Wenn er etwas sieht, das ihn interessiert, zeigt er es
uns. Wenn er ein Flugzeug oder einen Vogel entdeckt,
deutet er in den Himmel. Jetzt, als es ihm immer
schwerer fällt zu sprechen, nimmt er, wenn er auf meinem Arm ist oder auf meinem Schoß sitzt, meinen
Kopf und dreht ihn dorthin, wo er mir etwas zeigen
will. Ähnlich ist es mit Gerüchen. Er nimmt den Duft
jeder Blume auf und besteht darauf, dass man ebenfalls hingeht und an der Blume riecht.

3

Ausflug nach St. Guilhem-le-Désert: Ein kleines
Städtchen und Pilgerort am Unterlauf des Hérault,
touristischer Anziehungspunkt mit pittoresker Altstadt und einem zentralen Platz unter uralten Bäumen.

Wir parken am Ortsrand. Der Ortskern ist für Autos nicht zugänglich.

„Wir können dich nicht die ganze Zeit tragen. Und laufen kannst du nicht mehr so weit. Es geht nicht ohne den Buggy", versuchen wir Yannick den Buggy schmackhaft zu machen. Er weint. Es ist eine Niederlage für ihn. Ein Abschied von etwas Elementarem, von seiner Fähigkeit, sich selbständig in dieser Welt zu bewegen. Er hat das Laufen, das Rennen so geliebt, sich meistens rennend fortbewegt, dabei die wildesten Verrenkungen machend, Lokomotive spielend, die Arme kreisen lassend. Er wehrt sich gegen den Buggy. Es tut weh, es fällt so schwer, ihn hineinzuzwingen. Wir spendieren ihm ein Eis zur Beruhigung und Belohnung.

Am zentralen Platz die alte Wallfahrtskirche. Die dicken Mauern mit nur kleinen Fenstern halten die Mittagshitze ab. Unsere Augen müssen sich an die Dunkelheit im Inneren gewöhnen. Viele Dutzend Kerzen brennen auf einem großen steinernen Tisch. Die Kinder haben Gefallen daran gefunden, in Kirchen eine Kerze anzuzünden. Auch hier will jeder von uns eine anstecken. Ich kaufe fünf Kerzen, gebe jedem eine. Wir stellen sie zu den anderen Kerzen auf den Tisch und entzünden sie. Ich helfe Yannick dabei. Gabriele geht mit Mara und Johanna schon wieder in Richtung des Ausgangs, während ich mit Yannick noch für einen Moment zurückbleibe. Es ist ein kaum spürbarer Windhauch, der eine einzige der vielen Kerzen qualmend verlöschen lässt. Ein Stich ins Innerste.

Bereits in Panik bin ich mir sicher: es ist Yannicks Kerze. Yannicks Kerze hat genau dort gestanden. Ich nehme das Feuerzeug, versuche, sie wieder zu entzünden. Menschen um mich herum sehen mich an, verwundert. Missbilligend? Immer mehr Umstehende beobachten meine verzweifelten Versuche, diese Kerze wieder zum Brennen zu bringen. Es geht nicht! Sie lässt sich nicht mehr entzünden. Ich gebe auf, verlasse mit Yannick die Kirche, zutiefst verstört, mit zitternden Knien. Gleißend hell der Platz. Wo sind die anderen?

„Wo warst du?" fragen Gabriele und die Mädchen. Ich kann nicht antworten, schockiert über dieses neuerliche, eindeutige Zeichen. Wie war das möglich? Kann es doch eine andere Kerze gewesen sein? Wir gehen zum Auto.

Yannick kann nur noch flüsternd sprechen. Im Auto ist er kaum noch zu verstehen. Ich muss mich mit meinem Ohr zu seinem Mund hinunterbeugen. Er wiederholt seinen Wunsch nach einer Wasserpistole, einer Maschinenpistole aus Plastik mit großem Wassermagazin, wie er sie letztens im Supermarkt gesehen hat. Ich verspreche ihm, auf dem Rückweg in den „Super-U" zu fahren und ihm die Wasserpistole zu kaufen. Das Sträßchen schlängelt sich zwischen den Bergen, führt durch Olivenhaine, wird zur Platanenallee, durchquert Weinberge und kleine Dörfer. Yannick schläft ein. Er schläft jetzt oft mittags, ist schnell erschöpft, träumt vielleicht von seiner Wasserpistole.

„Wieso kriegt der Yannick, ohne Geburtstag zu haben, auf einmal eine Wasserpistole geschenkt?" Mara und Johanna fühlen sich zurückgesetzt, wollen dann auch etwas haben. So lange Yannick schläft, können wir offen reden.

„Ihr braucht nicht neidisch zu sein auf einen Bruder, der nicht mehr laufen, kaum noch sprechen und kaum noch essen kann. Ihr braucht nicht neidisch zu sein auf einen Bruder, der wahrscheinlich nicht mehr lange zu leben hat", versuche ich eine Rechtfertigung. „Ihr werdet noch viel geschenkt bekommen in eurem Leben, habt viele Geburtstage und Weihnachten, an denen ihr mit Geschenken überhäuft werdet. Wir werden dagegen wahrscheinlich keine Gelegenheit mehr haben, Yannick etwas zu schenken. Wir wissen nicht, ob er seinen fünften Geburtstag noch erleben wird. Wir schenken ihm jetzt etwas, erfüllen ihm jetzt seinen Wunsch, vorträglich zu seinem Geburtstag oder zu Weihnachten, denn jetzt kann er damit noch etwas tun."

Wir fahren schweigend weiter. Yannick wird wach, macht die Augen auf, flüstert undeutlich, schließlich verstehen wir seine Worte: „Wasserpistole." Er freut sich, lacht, gluckst vor Vergnügen, als wir ihn verstanden haben.

„Ja, wir sind in fünf Minuten am `Super-U`." Er breitet die Arme aus, um anzuzeigen, wie groß die auserwählte Pistole ist. Mara kauft sich von ihrem Taschengeld eine baugleiche Wasserpistole. Vor diesem

Tag hatte sie nie auch nur die geringsten Ambitionen auf ein solches Spielzeug.

„Welche findest du schöner?" fragen uns die beiden. Fragen, die uns viel diplomatisches Geschick abverlangen. Die Plastikteile sind jeweils von verschiedener Farbe.

„Bei Yannicks gefällt mir der Lauf besser, bei Maras das Magazin." Ein Ausweg, der akzeptiert wird. Später postiert sich Yannick hinter der Brüstung der Terrasse, schießt, freut sich wenn er trifft, kann in zwei Richtungen gleichzeitig schießen. Ich nehme Deckung hinter einem Handtuch, hinter einem Schwimm-Board, kämpfe mit ihm. Spiele wieder mit ihm.

Es ist heiß. Mittag. Wir sitzen auf der Terrasse, spielen Schach. Im letzten Jahr hat Yannick noch unter Belustigung seiner Schwestern mit ihnen Jux-Schach gespielt. Dabei nahm er eine beliebige Figur, sprang damit an eine beliebige Stelle und machte sich einen Spaß daraus, irgendwelche Figuren herauszukegeln. Aber jetzt spielt er nach den Regeln. Er beherrscht sie und es gelingen ihm tatsächlich sinnvolle und gut überlegte Spielzüge. Und das mit viereinhalb Jahren! Wir spielen regelmäßig. Ich gebe ihm Tipps, erkläre ihm mögliche Spielzüge. Er spielt, so lange er mit der rechten Hand die Figuren noch bewegen kann. Gegen Ende des Urlaubs müssen wir deshalb auch vom Schachbrett Abschied nehmen.

Immer wieder Yannicks unvermittelte Wutanfälle. Nichtigkeiten können Auslöser sein. Wir fürchten sie, behandeln ihn wie ein rohes Ei. Jede Bemerkung, die sich so interpretieren lässt, dass wir irgendeinen Zweifel an seinen unveränderten Fähigkeiten haben, ist ein potentieller Auslöser. Oder wenn wir ihm helfen wollen bei Dingen, die er selber einmal konnte. Eines Abends sitzen wir vor dem Wohnmobil von Stefan und Therese. Ihre Kinder Marius und Judith sind mit den anderen Kindern auf dem Platz oder am Fluss unterwegs. Da passiert es wieder. Yannick wirft sich auf den Boden, nimmt die Hände voll Erde und schmiert sie sich in die Haare, ins Gesicht, wälzt sich, kasteit sich. Es ist furchtbar, unerträglich, unseren Sohn in diesem Zustand zu sehen, dies aushalten zu müssen. Wir nehmen ihn hoch, er sträubt sich, wehrt sich, lässt sich wieder auf den Boden fallen, häuft erneut Erde auf seinen Kopf. Ich halte ihn fest, halte Arme und Beine wie in einem Schraubstock und frage mich im selben Augenblick, kann das richtig sein, was ich hier tue? Was für eine Absurdität: ich wünsche mir bei den Kämpfen manchmal genau das, was mich zur Verzweiflung bringt - dass er sich nicht mehr bewegen kann, vollständig gelähmt ist, sich nicht mehr wehren kann und sich nicht mehr so gegen sich und uns wenden kann. Genau das, was später eintreten wird. Gedanken, für die ich mich schuldig fühle, die meine Verzweiflung verdoppeln. Zu was bin ich fähig? Errät er meine Gedanken? Verzweifelt er daran, dass er voraussieht, was in diesem Moment mein irrwitziger Wunsch ist? Warum kämpfen wir beide überhaupt?

Als Yannick eines Morgens eine seiner M & M-Schokoladen-kugeln auf der Terrasse entdeckt, die wir am Abend zuvor dort vergessen haben und deren Zuckerguss deshalb von Wespen vollständig abgenagt wurde, befürchte ich einen weiteren Wutanfall, oder zumindest, dass er wegen seines Verlustes zu weinen beginnt. Stattdessen kann er sich vor Lachen kaum halten.

Gemeinsam mit Stephan und seiner Familie unternehmen wir einen Tagesausflug. Mit einem historischen Dampfzug wollen wir zu einem Bambuswald fahren, sozusagen zwei Touristenattraktionen auf einmal besuchen. Die Kurvenlage unseres Citroen wird auf der engen Bergstrecke endlich einmal ausgetestet, als wir, reichlich spät gestartet, versuchen, den Dampfzug noch rechtzeitig vor seiner Abfahrt zu erreichen. Wir schaffen es gerade noch, besteigen ein altes Zweiteklasseabteil. Ich setze mich ans Fenster auf die Holzbank, Yannick auf meinem Schoß. „Thomas die Dampflok" sagt Yannick mir ins Ohr und spielt auf das Kinderbuch an und auf seinen roten Schlafanzug, auf dem die Dampflok abgebildet ist. Jedes Kind bekommt eine kleine Fahne von der Bahngesellschaft. Yannick stellt sich auf die Bank, hält die Fahne aus dem Fenster und genießt die vierzigminütige Fahrt durch die Berge, während ich ihn stütze und halte. Aussteigen. Wir haben den Buggy mitgenommen. Aber Yannick will nicht einsteigen. Doch er schafft es zu Fuß nicht mehr. Die kleine Judith setzt sich in den

Buggy, lässt sich fahren. Auch das überzeugt Yannick nicht. Er schlägt um sich, setzt sich auf den Boden. Allenfalls lässt er sich von mir auf den Arm nehmen. Wir schieben den leeren Wagen durch den Bambuswald. Teiche voller riesiger fetter Fische, haushohe Bambusalleen. Irgendwann gelingt es uns doch noch, Yannick vorübergehend in den Buggy zu bekommen. Eine Attraktion ist ein Bambus-Labyrinth. Mara und Johanna haben bereits den Weg hindurch und wieder hinaus gefunden. Yannick will auch hinein. Aber nicht im Buggy, nicht auf dem Arm, sondern laufend. Mara und Johanna gehen voran. Yannick hält sich an meiner Hand fest, er schwankt, die Beine gehorchen kaum noch, ich stütze ihn. Verzweifelte Anstrengung, nicht umzukippen. Er schafft es, ist stolz. Ein Kämpfer. Mein Herz zieht sich zusammen bei dem Gedanken, dass er hier vielleicht seine letzten Schritte tut. Unendlich langsam geht er an der Hand auch noch die hundert Meter zurück zur Dampfeisenbahn.

Der endgültige Abschied vom Laufen kommt noch am selben Tag. Wie jeden Mittwochabend sitzen wir alle zusammen mit Freunden im „Le Tunnel" beim wöchentlichen „Repas", dem Dreigang-Menu mit Livemusik. Yannick muss zur Toilette. Das Toilettenhäuschen ist vielleicht fünfzig Meter entfernt. Ich begleite ihn dorthin. Alleine geht es schon lange nicht mehr. Immer diese Probleme beim Wasserlassen. Es kommt lange nichts. Jedes Mal ist es eine Anstrengung für ihn. Schließlich der Rückweg zum Restaurant.

Yannick will gehen. Alleine, ohne meine Hand zu halten. Verweigert jede Hilfe. Ich weiß, wenn ich ihm Hilfe aufzwinge, ihn womöglich auf den Arm nehme, wird der Rest des Abends ein lang andauernder Wutanfall sein. Ohne sich festzuhalten kann er jederzeit hinschlagen. Er könnte sich dann nicht einmal mehr mit den Händen abstützen, würde sich den Kopf aufschlagen. Wenn er doch wenigstens den Kopfschutz nicht von Anfang an verweigert hätte! Ich bleibe dicht hinter ihm, um ihn notfalls auffangen zu können. Er geht schwankend, Schritt für Schritt, erst die drei Stufen hinunter, wo er sich noch am Geländer festhalten kann. Dann etwa zwanzig Meter einen Schotterweg entlang. Schlingernd wie ein Betrunkener, sich nur mühsam aufrecht haltend. Er nimmt alle seine Kraft und Konzentration zusammen, erreicht tatsächlich das Geländer eines schmalen, selbst gezimmerten Holzstegs, der über ein kleines aufgestautes Becken mit frischem Flusswasser zum Restaurant hinüberführt. Er überquert den Steg, sich am Geländer entlanghangelnd, schlingert die freie Strecke, ohne sich mit den Händen festhalten zu können, zurück zu dem Tisch, an dem die anderen alle sitzen.

Er hat es geschafft. Niemand hat es ihm mehr zugetraut. Er triumphiert, wird gelobt und bewundert, er ist mit sich zufrieden, den ganzen Abend, genießt das Essen, die Musik, die Nacht, die Freunde und Kinder um sich herum. Er sitzt auf meinem Schoß, manchmal auch auf seinem Stuhl. Mein Sohn. Ein tapferer und starker Kerl, mein „kleiner Bär", mein lieber „kleiner

Chinese", wie ich ihn manchmal nenne, weil er den „Chinesenkuss" so sehr mag, das Aneinander-Reiben der Nasen. Ich spüre seine Wärme, lasse mich von seinen blonden Locken unter dem Kinn kitzeln, bin stolz, traurig, glücklich, bin mit ihm zusammen und er mit mir.

Yannick hat Forelle bestellt. Wir hatten vor unserem Urlaub einmal darüber gesprochen, dass wir im letzten Jahr hier Forelle gegessen hätten. Schon während der Fahrt nach Frankreich erklärte er daraufhin, unbedingt wieder eine Forelle essen zu wollen, sie ganz besonders zu mögen. Als wir dann hier waren, eröffnete er uns lachend, er habe noch nie eine gegessen. Aber jetzt werden Forellen seine Passion, vor allem seit seinem Erlebnis auf dem Markt in Le Vigan. Ich helfe ihm, den Fisch zu verarbeiten.

Die beiden jungen Musiker heute Abend, Italiener, singen Freiheits- und Partisanenlieder, jonglieren und vollführen artistische Einlagen, erzeugen eine intensive Atmosphäre der Freude. Yannick ist begeistert und klatscht unbeholfen Beifall, lacht. Er zeigt mir Dinge, macht mich auf einen Musiker aufmerksam, fasst dazu, auf meinem Schoß sitzend, mit einem Arm nach oben und dreht meinen Kopf mal in die eine und mal in die andere Richtung. Nötigenfalls deutet er das, was er ausdrücken will, auch pantomimisch oder mit Gesten an. Es funktioniert fast immer, und er freut sich jedes Mal, wenn ich wieder errate, was er mir sagen will. Er kostet den Abend aus, nachdem er zum letzten Mal auf seinen eigenen Beinen gegangen ist.

„Feiert" er seinen Abschied vom Gehen? Auch ich genieße die warme Nachtluft, verschmelze mit dieser magischen Atmosphäre, inmitten von Freunden, unter dem klaren Sternenhimmel, in ausgelassener Stimmung, bei gutem Wein, gutem Essen und den mal melancholischen, mal Freude verströmenden italienischen Liedern. Mein Sohn auf meinem Schoß. Es sind Momente der Leichtigkeit in einer Zeit unendlicher Schwere. Wir sind die letzten, die gehen.

4

Yannick schläft, den Kopf zur Seite gedreht. Er war schon immer Bauchschläfer, so wie ich. „Ich gehe noch mal kurz zu Yannick". Mit diesen Worten verabschiede ich mich oft abends für eine halbe oder ganze Stunde, um bei ihm zu sein, ihn zu behandeln. Ich lege mich vorsichtig neben ihn, streichle ihn, küsse ihn, ziehe seinen Duft ein. Ich versuche, mit meinem schnell erlernten Reiki kosmische Energie über meinen Körper zu Yannick zu leiten. Später beginne ich, es durch einige Griffe des Jin Shin Do zu ergänzen, die ich mir mit Hilfe von Literatur angeeignet habe, und wende die Druckpunkte an, die dort zur Behandlung von Hirntumoren beschrieben sind. Im wachen Zustand lässt Yannick diese Behandlungen nicht zu. Ich muss also warten, bis er eingeschlafen ist. Ich setze immer noch große Hoffnung in die Heilkraft dieser Handlungen, setze sie fort bis wenige Tage vor seinem Tod, kann nicht aufgeben, lasse mich durch Yannicks Verfall nicht entmutigen, behandle die Jin Shin Do-Punkte und bringe sie zum Pulsieren, spüre die Energieströme, bis sie mir irgendwann selber zu viel und unangenehm werden. Ich halte die Hände um seinen Hinterkopf, versuche die fließende Energie zu spüren, flüstere Beschwörungen, die in sein Unterbewusstsein dringen sollen: „Der Knubbel wird kleiner, immer kleiner. Die weißen Blutkörperchen fressen den Knubbel auf." Suggestiv, hypnotisierend. Liege neben ihm, spüre ihn. Er lebt, er atmet, er ist bei uns und ich bin bei ihm.

Jeden Donnerstagabend ist Livemusik unter freiem Himmel in der kleinen Snackbar am Fluss. Reggae, Blues, Folklore. Im Publikum viele Jugendliche aus der näheren Umgebung, weniger die Camper. Wir fragen uns, woher so viele an diesen abgelegenen Flecken in den Bergen kommen, der nächste Ort ist etliche Kilometer entfernt. Es wird getanzt und getrunken. Gabriele und die Mädchen haben keine Lust auf diese Veranstaltungen. Yannick schon. Ich gehe mit ihm hinunter an den Fluss, werfe Steine ins Wasser, setze mich dann mit ihm in die Snackbar, trinke Cola oder Bier, hole für Yannick eine Dose Orangina. Wir sitzen dort, er auf meinem Schoß oder auf seinem eigenen Stuhl, trinken und sehen den Musikern, den Tänzern, den Jugendlichen zu. So haben wir jeden Donnerstag unseren gemeinsamen Abend am Fluss, unsere ganz intime Zeit, eine Vater-Sohn-Sache, wie ich sie mir gewünscht und ersehnt habe auf so vielen Gebieten. Die Exklusivität, die Einmaligkeit in der Vater-Sohn-Beziehung, Dinge, bei denen die weiblichen Familienmitglieder außen vor bleiben sollen und wollen. Nach so einem Abend fühlen wir uns mehr noch als sonst in diesen Wochen als verschworene Gemeinschaft. Eins sein miteinander, mit dem Sternenhimmel über uns, mit der Musik, den Menschen um uns, den Tanzenden, dem Fluss, der Natur im Dunkeln.

Es fällt uns immer schwerer, Yannick einen Wunsch abzuschlagen. In einem kleinen Spielzeugladen in Le Vigan fällt sein Blick auf eine große Zahl von Tierfiguren aus Hartplastik, die sehr naturgetreu nachgebildet sind und von denen er zu Hause bereits einige, vor allem verschiedene Dinosaurier, besitzt. Beim Betreten des Ladens hätte ich jede Wette abgeschlossen, dass wir nur zum Gucken hineingehen und jedenfalls ganz bestimmt nichts kaufen würden. Yannick aber schafft es, mit „Jumbo" aus dem Laden herauszukommen, einem kleinen Elefanten. War es der drohende Wutanfall, das Mitleid, die Vehemenz seines Wunsches? Ich weiß es nicht.

„Lasst ihm bloß nicht alles durchgehen, er macht euch zum Affen" raten uns Freunde. Yannick fordert von uns Absurditäten. Jetzt will er, dass wir ihm etwas kaufen, dann wieder sollen wir irgendetwas völlig Verrücktes tun: er lässt uns keine andere Wahl, als seine Wünsche und Forderungen zu erfüllen. Er wirft Dinge auf den Boden, damit wir sie ihm wieder aufheben. Er schüttet etwas um, damit wir es aufwischen. Er fordert uns heraus. Immer wieder. Verzweiflung treibt ihn, verzweifelt wehren wir uns. Aber warum ihm nicht einfach nachgeben? Warum ihm nicht einfach beweisen, dass wir alles für ihn tun, und sei es noch so absurd? Was schadet es, uns vor ihm zu erniedrigen? Was zählt das alles, wo es doch um Leben und Tod geht? Uns aufgeben, ihn zum Diktator machen? Es ist ja keine Situation, auf die irgendwelche „normalen" Beurteilungsmaßstäbe angewendet werden könnten. Er ist ein Sterbender. Darf er das dann? Wie muss ich einem Sterbenden begegnen, darf ich mich zu seinem Sklaven machen, darf er mich zu seinem Sklaven machen?

„Er tyrannisiert euch, wenn ihr das zulasst." Was verstehen die mahnenden Beobachter? Warum soll jemand Regeln menschlichen Zusammenlebens akzeptieren lernen, wenn er im Begriff steht, die menschliche Gemeinschaft zu verlassen? Kann es noch darum gehen, ihn zu „erziehen"? Erziehen zu was? Für welches Leben erziehen, wenn er es nicht mehr leben darf?

Erst viel später wächst bei uns erst die Vermutung, dann die Gewissheit, dass er mit seinen Provokationen auch einen ehrlichen Umgang mit ihm herausfordern will, dass er uns zwingen will, auch beim Sterben Vater und Mutter zu sein und das auszusprechen, für das es für uns und ihn eine unüberwindliche Hürde gab: „Ich sterbe. Ich weiß, dass ich sterbe. Ihr wisst, dass ich sterbe. Redet mit mir darüber. Was passiert mit mir? Verdammt noch mal, redet endlich mit mir über den Tod und das Sterben!" Aber jetzt bin ich blind dafür, zu sehen, dass Yannick seinen Weg schon lange kennt, bin unfähig, mit ihm über sein Sterben und seinen Tod zu sprechen. Ich will seinen Tod nicht, ich akzeptiere ihn nicht, kämpfe gegen ihn an. Den Tod zu thematisieren, so scheint es mir, hieße, ihn als Realität anzuerkennen. Und so kann ich Yannick nicht gewähren, wonach er wohl so vehement verlangt. Dieses Versagen, diese Weigerung, meine Aufgaben als Sterbebegleiter meines Sohnes zu erfüllen, sollte mich noch über Jahre begleiten und quälen.

Ich möchte, dass Yannick noch einmal das Meer sieht, den Strand, die vielen Wasservögel. Wir fahren für ein paar Stunden ans nahe Mittelmeer, verbringen anschließend den Nachmittag in Montpellier, wo wir Yannick in seinem Buggy – inzwischen ist er sein selbstverständliches Transportmittel – durch die Altstadtgassen schieben und er sich bei einem Straßenhändler aus einem riesigen Strauß großer bunter Luftballons einen gelben, heliumgefüllten „Pikachu" aussucht.

Als wir in der Abenddämmerung zurück in die Berge fahren, erinnere ich mich an die gleiche Rückfahrt von Montpellier zum Campingplatz im letzten

Jahr. Es war damals genau wie heute ein klarer Abend, die Dämmerung senkte sich langsam und weich auf die weite, erst hügelige, dann immer bergiger werdende Landschaft. Nur wenige andere Autos waren auf der Landstraße unterwegs. Über die Berge und Täler, in die wir hineinfuhren, verteilten sich Ortschaften, Dörfer, deren Lichter aufleuchteten und in der Weite funkelten. Alles war in ein sanftes mattes Licht getaucht, das der Mond, die immer zahlreicher aufleuchtenden Sterne und das im Westen vergehende letzte Tageslicht verströmten. Plötzlich fragte Mara nach dem Sterben. Ich erinnere mich genau daran, wie wir damals den Dreien erklärten, dass nicht nur alte Menschen sterben, sondern dass es auch sein kann, dass Kinder und jüngere Menschen sterben, zum Beispiel durch einen Unfall oder durch eine schwere Krankheit wie Krebs. Die Kinder schwiegen, dachten darüber nach und betrachteten die vorbeigleitenden Lichter in der Landschaft. Plötzlich kommt mir auch die Erinnerung an unsere Rückfahrt aus dem Urlaub in den Sinn, das Hotelzimmer in Lyon und dort der ungewöhnliche, lang anhaltende Wutanfall von Yannick. War das möglicherweise schon damals krankheitsbedingt?

Als Eric uns mitteilt, dass die Familie abgesagt hat, die das Haus nach unseren ersten drei Wochen gemietet hatte, und fragt, ob wir länger bleiben wollen, sagen wir sofort zu. Eine Woche darauf sagen auch die nächsten Mieter ab. Alle unsere Freunde sind inzwischen abgereist. Wir bleiben, solange es geht. Ich verlängere telefonisch meinen Urlaub, den ich vermutlich schon längst ausgeschöpft habe. Mir wird alles gewährt, geregelt werden soll es später – irgendwie. Wir spüren, dass die Abreise das Ende einer letzten gemeinsamen Zeit sein wird. Einer Zeit, die hier in diesem Paradies immer noch schön ist, auch wenn von Tag zu Tag alles immer schwerer geht. Aber irgendwann lässt sich die Rückreise nicht mehr länger aufschieben. Bald wird Yannick nicht mehr transportfähig sein. Und die Schulferien der Mädchen gehen ihrem Ende zu.

Es wird ein bewegender Abschied nach inzwischen fast fünf Wochen. Eric und Maria fällt es sichtlich schwer, sich vor allem von Yannick zu verabschieden. Sie haben ihn ins Herz geschlossen und wissen, dass sie ihn nicht wiedersehen werden. Beim Abschied von Eric weint Yannick.

„Eure fünf Augenpaare sind fest in meinem Herzen geprägt" schreibt uns Eric später, als ihn Yannicks Todesanzeige erreicht.

Solange er in seinem Kindersitz im Auto sitzt, können wir uns immer wieder für kurze Zeit der Illusion hingeben, Yannick sei ein gesunder Junge. Er hat den Kopf zur Seite gelegt und betrachtet die vorbeiziehende südfranzösische Landschaft: erst Weinanbaugebiete, später Sonnenblumenfelder, die jetzt Anfang August in leuchtender Blüte stehen. Er lutscht Pims-Kekse und verschmiert damit die Scheibe, verständigt sich mit Gesten und Gebärden, imitiert pantomimisch die verschiedensten Tätigkeiten und versucht, seine Schwestern zum Lachen zu bringen. Neben seinem Sitz steckt sein Luftballon-Picachu. Plötzlich wird mir klar, warum wir die Rückfahrt so lange hinausgezögert haben, bis es nicht mehr ging: wir fahren Yannick zu seinem Sterbebett, zu dem Ort, an dem sein Leben enden wird. Jeder Kilometer bringt uns dem Ort näher, von dem es kein Entkommen mehr gibt. In einem kleinen Dorf abseits der Autobahn machen wir Rast. Yannicks neuerlicher Wutanfall entzündet sich am Essen, das er mit aller Kraft, die er noch hat, auf die Straße schmettert. Wir sind froh, als wir wieder im Auto sitzen, Yannick angeschnallt. Eine weitere Rast in Metz. Im Park steht ein Kinderkarussell. Ich mache mit Yannick eine letzte Fahrt.

Wir erzählen den Kindern, dass es in Deutschland wieder Dinge zu essen gibt, die sie kennen, nicht mehr die vielen französischen Spezialitäten und Leckereien. Sie zählen auf, was ihnen an typisch deutschen Lebensmitteln einfällt und auf welche sie sich besonders freuen. Als jemand Negerküsse sagt, gluckst Yannick vor Freude. Im deutsch-luxemburgischen Grenzort Echternach nehme ich ihn nach dem Tanken auf dem Arm mit in den kleinen Tankstellensupermarkt. Er bedeutet mir, dass ich mit ihm die Regale ablaufen soll. Als er schließlich Negerküsse entdeckt, fängt er unbändig an zu lachen. Ich kaufe eine Packung und er macht sich im Auto schleunigst darüber her. Sein Sitz und die nähere Umgebung samt Fenster ist ohnehin nach den zwei Tagen Fahrt völlig verschmiert.

5

Wir brauchen Hilfe, können Yannick nicht mehr alleine betreuen, müssen einen Kinder-Pflegedienst in Anspruch nehmen. Unmittelbar nach unserer Rückkehr aus Frankreich beantragen wir bei der Krankenkasse die Anerkennung von Yannicks Pflegebedürftigkeit und bei der Stadt einen Schwerbehindertenausweis. Selber Mitarbeiter einer öffentlichen Verwaltung, muss ich erleben, wie frustrierend und demütigend es ist, auf öffentliche Institutionen und ihre Entscheidungen angewiesen zu sein. Es wird zu einem Spießrutenlauf durch die Gesundheitsbürokratie. Fast täglich erkundige ich mich bei der Krankenkasse nach dem Stand des Verfahrens. Aber die Bewilligung kommt erst, als ich der für uns zuständigen Sachbearbeiterin im hundert Kilometer entfernten Krefeld ankündige, ich würde morgen früh mit Yannick zu ihr fahren und ihn ihr auf den Schoß setzen. Sie könne dann ja sehen, wie sie ohne Pflegedienst mit ihm zurechtkäme. Wir stehen mit dem Rücken zur Wand und haben keine Zeit und keinen Raum mehr für Diskussionen und kein Verständnis für Bestimmungen und Vorschriften.

Mara und Johanna verbleiben noch ein paar letzte Ferientage zu Hause. Es werden gemeinsame Sommertage im Garten. Yannick sitzt einige Tage nach unserer Rückkehr auf unserem inzwischen ganz mit blühenden Sträuchern zugewachsenen und verwunschenen Essplatz hinten in unserem kleinen Gärtchen, als er zum letzten Mal spricht. Das heißt, es ist eigentlich kein Sprechen, sondern ein kaum wahrnehmbares Hauchen von Wörtern. Ich muss mein Ohr ganz nah an seinen Mund führen, bevor ich sie, nachdem er sie mehrmals wiederholt hat, verstehe. Es ist mühsam für uns beide, eine große Anstrengung. Er versucht es danach nie wieder. Seine klare Stimme, seine ausgefeilte und oft mit umwerfendem Wortwitz gepaarte Sprache ist für immer verstummt.

Mit Freunden und der ganzen Familie wollen wir ins Kino: „Hennen Rennen", eine schwarze Komödie, gedreht von den „Wallace & Gromit"- Machern mittels Knetgummi-Figuren. Ich habe Yannick auf dem Arm, als wir die soeben an der Kasse erstandenen Tickets am Einlass vorweisen.

„Wie alt ist das Kind?" fragt die Kartenabreißerin.

„Vier" sage ich ohne weiter zu überlegen.

„Dann darf er leider nicht rein."

„Nein, er ist fünf" schiebe ich irritiert und etwas erschrocken nach.

„Der Film ist leider erst ab sechs Jahren freigegeben" will sie uns den Zutritt verwehren. Ich gehe einfach an ihr vorbei mit den Worten „für Sie ist er sechs" und bin sofort im Saal verschwunden, die anderen hinter mir her. Yannick hat der Disput offenbar bestens gefallen, er ist sichtlich amüsiert. Ich befürchte, dass die Kontrolleurin Verstärkung holen könnte, um uns wieder rauszuschmeißen, habe mir schon zurecht gelegt, was ich sagen würde: sie bräuchten sich keine Sorgen zu machen, dass unser Sohn in seiner Entwicklung gestört werden könnte, er habe einen Hirntumor und eine Prognose von Tagen oder höchstens ein paar Wochen und sie wollten ihm ja wohl nicht seine letzten Vergnügungen nehmen und überhaupt müssten sie mich gleich mit hinaustragen. Aber es kommt niemand. Der Film beginnt. Yannick freut sich über die aberwitzigen Fluchtversuche der Hühner und jede Niederlage, die die Aufseher des Hühner-KZ hinnehmen müssen. Mit seinem Lachen über die teils hintergründigen Pointen hätte er jedem Aufseher des Jugendschutzes unwiderlegbar bewiesen, dass er das Verständnis und die Reife eines weit über Sechsjährigen hat. Von diesem Erlebnis beflügelt gehen wir mit allen drei Kindern in den nächsten Wochen gleich zwei weitere Male in „Wallace & Gromit"-Filme.

Johanna wird acht Jahre alt. Als an diesem Samstagmorgen die Familie zur Bescherung um den mit Blumen und Kerzen geschmückten Geburtstagstisch versammelt ist, kann Yannick es nicht erwarten, dass Johanna endlich beginnt, ihre Geschenke auszupacken. Er ist immer ungeduldiger und gespannter als die Beschenkten selber. Am vorletzten Weihnachten,

Yannick war erst drei Jahre alt, konnten wir ihn kaum bremsen und es war ihm nur schwer beizubringen, dass bei uns reihum jeder immer nur ein für ihn bestimmtes Geschenk auspackt. Weil er nicht abwarten konnte, bis er dran war, riss er von einem großen Paket der Großeltern die Verpackung schon so weit auf, dass er hineinlinsen und das Feuerwehrauto erkennen konnte. In der Adventszeit rannte er jeden Morgen unmittelbar nach dem Aufwachen die Treppe hinunter in die Küche, um in den Adventskalender zu gucken und das Gefundene herumzuzeigen: „Mama, guck mal ….".

Als am Nachmittag Johannas Geburtstagsgäste kommen, will Yannick unbedingt dabei sein, sitzt beim Kuchenessen am Kopfende des Tisches, auch wenn er sich nur noch mühsam auf seinem Tripp-Trapp-Stuhl halten kann. Eigentlich ist es nicht mehr altersgerecht, am achten Geburtstag Topfschlagen zu spielen und Johanna hat das mit ihren Gästen auch gar nicht vor. Aber Yannick ergreift die Initiative und alle machen mit, er selbst vorne mit dabei. Er ist drei Jahre jünger als die Geburtstagsgäste, kann nicht mehr laufen, nicht mehr stehen, nicht mehr sprechen und hat keine Mimik mehr, aber er ist so präsent und unterhaltsam, dass niemand sich ihm entziehen kann.

„Glaubst du, dass du wieder gesund wirst?" fragt Gabriele ihn, als sie ihn an diesem Abend ins Bett bringt. Yannick schüttelt den Kopf. Es geht ihm deutlich schlechter. Immer häufiger wird seine Atmung unregelmäßig. Das Thema Sterben rückt unaufhaltsam näher. Am folgenden Nachmittag, ein heißer wolkenloser Sonntag, den wir im Garten an den schattigsten Plätzen verbringen, versuchen wir, dieses Thema mit allen drei Kindern vorsichtig anzusprechen. Wir kommen nicht weit damit. Stattdessen genießt Yannick die kalte Dusche aus der Gießkanne, die Mara und Johanna ihm spendieren.

„Du brauchst keine Angst haben. Sterben ist wie die Verwandlung von der Raupe zum Schmetterling. Die Seele und der Geist verlassen nur den Körper und die Erde", versucht Gabriele es am Abend. Wir sind jetzt allein mit Yannick. Er nickt.

„Was dann kommt? Was Schönes, vielleicht als Tier frei zu leben – möchtest du immer noch ein Gepard werden?" Yannick lacht, deutet pantomimisch mit seinen Armen das Maul des Tyrannosaurus Rex an.

„Aber dann darfst du keine Kinder, keine Menschen fressen", mische ich mich ein. Er lacht und nickt: „doch!".

Bevor wir den Mädchen später am Abend gute Nacht sagen, erzählen wir auch ihnen das Gleichnis von der Raupe und dem Schmetterling. Die Vorstellung gefällt ihnen. „Ich möchte auch mal ein Schmetterling werden – oder lieber ein Vogel, der stirbt nicht so schnell", überlegt Johanna. Nach einer kleinen Pause fängt sie, frei nach dem bekannten kölschen Karnevalslied, an zu singen: „Die Seele lebt weiter, der Sultan hät Dorsch (hat Durst)".

Endlich kommt der Kinderpflegedienst: Roswitha aus Merkstein und Simone besuchen uns abwechselnd, lesen Yannick vor, füttern ihn, beschäftigen sich mit ihm, zeigen ihm, wie er sich mit Hilfe eines Beins im Bett umdrehen kann. Es sind nur Tage, bis er auch das nicht mehr schafft, die Lähmung der Beine zu stark wird. Er kann inzwischen praktisch nicht mehr sitzen. Der rechte Arm, mit dem er sich bisher noch gestikulierend verständigen konnte, wird fahriger und schwächer. Er weint viel. Seine Wutanfälle werden schwächer, aber sie halten an. Gerade noch hatte er unbändigen Spaß im Kino, jetzt ist er in der Aachener Innenstadt sogar bei einem Mittelalterfest mit vielen Rittern, für die er sich vor kurzem noch heftigst interessiert hatte, nur noch apathisch. Wir gehen noch einmal in den von ihm immer so geliebten Tierpark. Er reagiert kaum noch auf die Tiere, an deren Gehege wir ihn in seinem Buggy heranschieben. Wir wissen nicht, ob er sie überhaupt wahrnimmt.

Immer wieder aber gibt es Tage, an denen Yannick intensiv an unserem Leben teilnimmt. Bei der Geburtstagsfeier unseres Nachbarn schafft er es, sich im Verlauf von gut zwei Stunden fünf Kuchenstücke füttern zu lassen, am nächsten Tag bei Freunden ein paar Häuser weiter noch einmal drei Stücke. Dort versucht er, trotz aller Lähmung Schlagzeug zu spielen.

Meine Eltern haben schon vor unserer Fahrt nach Frankreich über ihre Pläne zur Feier ihrer goldenen Hochzeit informiert, alle Kinder und Enkel zu einem

Familientreffen im Sauerland eingeladen. Selbstverständlich erwarten sie, dass wir kommen. Aber Yannick ist für die Entfernung von mehr als zweihundert Kilometern nicht mehr transportfähig. Es geht ihm inzwischen so schlecht, dass wir befürchten, er könnte während der Feier sterben. Auch dass nur einer von uns mit Yannick zu Hause bleibt und die anderen fahren, können wir uns nicht vorstellen. Wir wollen zusammen und zu Hause sein, wenn es passiert. Unvorstellbar, weit weg auf einer Feier zu sein, während der Sohn im Sterben liegt. Wir sagen ab, obwohl wir wissen, wie wichtig ihnen unsere Teilnahme ist.

Nur wenige Tage später, am Wochenende der Familienfeier, scheinen sich unsere Befürchtungen zu bestätigen.

6

Es ist eine hochsommerliche Nacht im August. Seit dem Abend wird Yannicks Atmung immer unregelmäßiger. Er zieht die Luft stockend ein, dann setzt der Atem aus, setzt wieder ein. Stundenlang. Wir sind bei ihm, halten ihn zwischen uns im Bett, versuchen, ihm zu helfen. Bei jedem Atemzug erleichtert, hoffend. Wir wissen nicht, ob er den nächsten Morgen erleben wird. Er kämpft – ohne Erstickungspanik wie bei

Menschen, die atmen wollen, aber keine Luft bekommen. Es quält ihn wohl nicht – jedenfalls nicht offensichtlich. Gegen Morgen normalisiert sich die Atmung. Er hat es geschafft. Wir haben es geschafft.

Nach dieser Nacht ist alles anders. Der Tod scheint nun unausweichlich, steht neben uns, kann kommen, jederzeit, jeden Tag, jede Nacht, lässt sich nicht mehr wegschieben. Aber da ist noch etwas. Zuerst fällt es uns nicht auf. Aber dann wird immer deutlicher, dass Yannick seit dieser Nacht verändert ist. Seine Wut ist weg, die Verzweiflung wie weggeblasen, die Kämpfe gehören der Vergangenheit an. Er ist von nun an fast immer ruhig, gelassen, strahlt von innen, ruht in sich. Er beobachtet seine Umgebung mit unglaublicher Aufmerksamkeit. Er genießt das Leben. Zufrieden. Eine ungeheure Intensität strahlt dieser Junge aus, dem fast nur noch die Augen geblieben sind, um sich mit seiner Umgebung zu verständigen. Er schwebt von nun an zwischen den Welten. Manchmal sind seine Augen in die Ferne gerichtet oder nach innen gekehrt. Und doch ist er seiner Umgebung zugewendet. Erst später wächst in uns die Überzeugung, dass er in dieser Nacht das Ende seines Weges gesehen hat und es ihm keine Angst mehr macht. Er scheint von nun an zu wissen, wohin er geht, hat das Licht der geistigen Welt erblickt, die auf ihn wartet. Vielleicht auch die Engel und geistige Wesen, die ihn aufnehmen werden. Und er ist damit einverstanden. Er hatte ganz offensichtlich eine Nahtod-Erfahrung.

Vor Wochen haben wir eine Videokassette mit einem Vortrag der Sterbeforscherin Kübler-Ross zur Seite gelegt. Jetzt ist die Zeit gekommen. Das Video findet seinen Weg in den Rekorder. Die Berichte über Nahtoderlebnisse, ihre Schlussfolgerungen das Sterben und die Vorgänge und Verwandlungen betreffend, werden jetzt wichtig. Was wird mit Yannick passieren, was wird er erleben, was hat er vielleicht schon erlebt, wie wird es für ihn sein, das Sterben? Wir brauchen Klarheit, Gewissheit, dass es gut für ihn sein wird, für ihn und dann vielleicht auch irgendwann für uns in Ordnung sein kann. Die zu Hunderten dokumentierten Berichte der Sterbeforscherin, wonach der Sterbende im Übergang zum Tod in eine Welt von Licht und Wärme eingeht und nicht allein sein wird, berühren uns nicht nur zutiefst, sondern ermöglichen es uns, eine neue Akzeptanz seines Sterbens zu finden. Abschied nehmen bedeutete bis zu diesem Zeitpunkt der Abschied von immer mehr seiner Fähigkeiten und Ausdrucksmöglichkeiten. Jetzt geht es um das Abschiednehmen von ihm selbst. Wie viel Zeit bleibt? Jeder Tag kann nun der letzte sein. Jede Minute ist unwiederbringlich.

Wir haben die Oberärztin aus dem Klinikum seit der Nachuntersuchung im Mai nicht mehr gesehen. Aber jetzt erscheint sie ohne Voranmeldung zu einem Hausbesuch - ausgerechnet am Tag nach dieser Nacht und Yannicks Beinahe-Tod. Ganz sicher ist auch das kein Zufall! Sie ist plötzlich da, als wir gerade mit Yannick im Garten im Schatten des Apfelbaums sitzen.

Ich vergesse, ihr einen Stuhl und etwas zu trinken anzubieten.

„Das kann sich noch Wochen so hinziehen. Es wäre jetzt zu früh, ständig zu Hause zu bleiben, um rechtzeitig da zu sein", meint sie zu meinem Bedürfnis, nicht zu arbeiten, sondern bei Yannick zu sein, keine Minute mit ihm zu verlieren. Aber sie kann mich nicht davon abhalten, noch einmal zwei Wochen zu Hause zu verbringen. Jetzt spielt alles andere keine Rolle mehr.

Unter dem Eindruck jener dramatischen Nacht beginnen wir, die Trauerfeier zu planen. Wo, wie, welcher Friedhof, wen einladen und auf welche Weise? Er ist uns eigentlich als alter jüdischer Friedhof bekannt, am Ortsrand auf der anderen Seite der Umgehungsstraße, oben über dem Ort. Den Hohlweg, der unterhalb des Friedhofs vorbeiführt, haben wir oft als Spazierweg genommen. Es ist ein wunderschöner Ort, klein, unter hohen alten Bäumen, mit Blick auf das hügelige Land mit Wiesen, Feldern und Wald. Wir erfahren, dass der Friedhof von der kleinen evangelischen Gemeinde am Ort noch betrieben wird, aber nur ein bis zwei Beerdigungen im Jahr hat. Der jüdische Teil macht nur einen Bereich am Rand aus. Eine Nachbarin fragt für uns nach: ja, wir könnten Yannick dort beerdigen.

Es ist ein warmer und sonniger Tag, als ich alleine hinaufgehe und den Friedhof durch ein altes schmiedeeisernes Gittertor zwischen zwei alten Linden betrete. Beiderseits des Hauptweges stehen im Wesentlichen ältere Grabsteine aufgereiht. Viele Gräber wurden offenbar schon lange nicht mehr gepflegt. Aber was tue ich hier? Ich stehe da und besichtige einen Friedhof, auf dem ich meinen Sohn beerdigen will, während er sich einige hundert Meter entfernt vielleicht gerade über eine Geschichte freut. Tränen laufen mir über das Gesicht, ich stürze so schnell ich kann zum Ausgang mit nur einem Gedanken: Du darfst nicht sterben! Ich versuche mich zu beruhigen, mir zu Hause nichts anmerken zu lassen, Yannick nicht merken zu lassen, in welchem Zustand ich mich befinde. Monate später denke ich manchmal: So klar und so wissend wie Yannick an diesem Tag schon war, hätten wir ihn selbst fragen können, ob er hier beerdigt werden und welche Grabstelle er haben möchte. An diesem Abend bringen wir Yannick zu Bett und sagen ihm gute Nacht, um anschließend den Text und die Gestaltung seiner Todesanzeige zu entwerfen und die Liste der Adressaten zusammenzustellen.

Der „schlafende Arzt" Dr. J. berichtet uns nach einer der meditativen Sitzungen, was er bei Yannick gesehen hat: „Yannicks Rakete wird startklar gemacht. Er sammelt die Dinge zusammen, die ihm wichtig sind, ist aber noch nicht ganz damit fertig, wenn auch weiter, als noch vor einer Woche. Er hat etwas Angst davor, die Reise allein machen zu müssen. Andererseits hat Yannick eine große Bodenhaftung, einen starken Bezug zur Erde. Er liebt die Erde und das Leben und ist angefüllt von den Dingen und Farben. Er arbeitet daran, sich eine Station auf der Erde zu schaffen, zu der er Kontakt halten kann. Er wird mit der Erde in Verbindung bleiben und mit „seinen" Menschen. Er wird nicht einfach weg sein."

In der Woche darauf berichtet er nach einer weiteren Sitzung: „Yannick hat die Schwelle überschritten. Er ist nur noch teilweise auf der Welt, hat akzeptiert, ist gelassen".

Neben den regelmäßigen Besuchen bei Dr. J. fahre ich Yannick weiterhin jede zweite Woche zu unserem Heiler R. Ansonsten belasse ich es immer mehr bei meinen Reiki-Behandlungen. Viele der Medikamente, die mir so wichtig waren und immer noch sind, können jetzt nicht mehr verabreicht werden. Nur einen Teil davon mischen wir noch unter die inzwischen nur noch breiförmige Nahrung, die in mühevoller Arbeit und manchmal über Stunden gefüttert werden muss.

Eines Tages unterhält sich Gabriele mit Johanna über das Weinen und das Traurig-Sein.

„Der einzige, der nicht traurig zu sein braucht, ist der Yannick. Denn wenn er stirbt, hat er den Knubbel nicht mehr und lebt weiter", stellt Johanna fest.

„Stimmt, der lebt dann nur nicht bei uns weiter", sagt Gabriele, „wie wird das wohl werden, wenn wir alle so traurig sind?"

Viele Freunde und Nachbarn von uns, Kinderladenfreunde von Yannick, die Erzieher, die Großeltern sagen sich an. Es sind Abschiedsbesuche, auch wenn niemand sie als solche bezeichnen würde, so viele, dass wir Termine verteilen müssen. Auch meine Mutter reist für einen Besuch an. Bei meinem Vater sitzt die Enttäuschung und Verärgerung über unsere Absage zur Goldhochzeit noch zu tief, als dass er ebenfalls kommen würde. Aber Mutter hat sich Gedanken gemacht, will helfen, bringt selbst angefertigte Zeichnungen von Alltagsgegenständen mit, auf die Yannick zeigen soll, um sich verständlich zu machen. Die Situation eskaliert, als sie beginnt, unsere Absage zu kritisieren, unseren Umgang mit Yannick und seiner Krankheit in Frage zu stellen, uns Ratschläge zu geben. Alles, was über Jahrzehnte nicht gesagt wurde, bricht aus mir heraus, ungefiltert, ungebremst. Die dünne Membran, die meine Nerven noch notdürftig gehalten hat, ist zerrissen und meine Mutter ist das Opfer, über das meine als Vorwürfe gekleidete Verzweiflung wie eine Flutwelle hereinbricht. Sie verabschiedet sich von ihrem Enkelsohn und fährt. Es wird Jahre dauern, bis die Verletzungen verheilt sind.

Yannick verliert seine letzten motorischen Fähigkeiten. Eine Zeitlang kann er noch die rechte Hand bewegen, uns mit dem Zeigefinger heranwinken oder eine Richtung anzeigen, den Stinkefinger zeigen, wenn ihm etwas nicht passt, oder sich durch Öffnen und Schließen der Hand verabschieden. Doch dann verliert auch das sich immer mehr. Selbst seinen Kopf kann er nicht mehr halten. Eine Bekannte hat uns einen großen blau-türkisfarbenen Sitzsack mitgebracht. Nur darauf können wir ihn so lagern, dass er stabil liegt und auch sein Kopf nicht wegrutscht. Wenn Yannick nicht gerade bei einem von uns auf dem Schoß gehalten wird oder wir ihn auf dem Sofa betten, hat er von seinem Sack-Thron vor den raumhohen Fenstern und Türen zur Terrasse und zum Garten einen guten Überblick nach drinnen und draußen, kann in den Garten sehen und den Himmel beobachten, bekommt aber auch alles mit, was im Wohnzimmer passiert.

Ich arbeite wieder, fahre aber erst spät los und komme früh nach Hause. Das Leben normalisiert sich. Ein Leben, in dem seit Monaten nichts ist, was es ist, was es zu sein scheint: in dem der Urlaub kein Urlaub war, sondern ein Abschied, in dem das gemeinsame Essen kein Essen war, sondern ein Kampf um Medikamente, in dem die berufliche Arbeit keine Arbeit ist, sondern die Flucht von Zuhause, vor dem Schrecken.

Gabriele und ich wechseln uns ab. Einer ist immer bei Yannick, hält ihn auf dem Schoß, liest ihm vor, füttert ihn, spricht mit ihm, ist einfach mit ihm zusammen. Drei Stunden am Tag sind abwechselnd Roswitha und Simone vom Kinderpflegedienst da. Sie haben Yannick erst kennengelernt, als er nicht mehr stehen und nicht mehr sprechen konnte. Und doch entwickeln sie, besonders Roswitha, eine intensive Beziehung zu ihm, sind beeindruckt von seiner Ausstrahlung und der Intensität seiner äußerlich scheinbar so reduzierten Lebenskraft. Wir gehen kaum noch raus, Yannick will nicht mehr aus dem Haus. Nicht in seinen geliebten Wald, nicht in die Stadt, nicht in Restaurants oder Cafés, keine Besuche machen, nichts unternehmen. Nur sehr selten lässt er sich noch überreden, das Haus zu verlassen. Als er es doch einmal gestattet, und ich ihn in seinem Buggy an der nächsten Straßenkreuzung nach rechts in Richtung des Parks mit dem Ententeich und den Springbrunnen steuern will, bedeutet er mir mit dem noch beweglichen Zeigefinger, dass ich nach links ins Ortzentrum abbiegen soll. Mit seinem Fingerzeig dirigiert er mich bis in einen Spielzeugladen, wo er mir eine Diddl-Maus aus Plüsch zeigt, offensichtlich um mich dazu zu bewegen, sie ihm zu kaufen.

Wenn wir doch einmal mit Yannick unterwegs sind, stoßen wir häufig auf die Ablehnung und das Unverständnis von Fremden, die mit missbilligenden Kommentaren und Blicken auf die körperlichen Einschränkungen unseres Sohnes reagieren, insbesondere wenn wir ihn füttern und er dabei über das ganze Gesicht verschmiert wird.

Es sind warme Spätsommerwochen. Oft sitzen wir mit Yannick im Garten unter dem Apfelbaum, an dem dicht an dicht Unmengen von Äpfeln reifen und die Äste zu Boden drücken. Sein Blick ist immer wieder lange in den Himmel gerichtet, wo er die sich ändernden Wolkenformationen betrachtet. Schon als ganz kleiner Junge stand er häufig und beobachtete den Himmel und die ziehenden Wolken, entdeckte immer neue Bilder in den Formationen und erzählte uns davon. Sieht er auch jetzt wieder Tiere, Figuren, ferne

Welten, bestehend aus Bergen, Meeren und Buchten? Er schaut in das tiefe transparente Blau, nur kann er nicht mehr darüber sprechen, was er vielleicht sonst noch dort sieht, was hinter dem Blau ist, was nur er sehen kann. Flugzeuge ziehen ihre Bahn, hinterlassen ihre Kondensstreifen. Yannick freut sich über die „Dong-Dongs" wie er Flugzeuge nennt, seit er sprechen lernte, lacht, winkt manchen zu, indem er seine rechte Hand öffnet und schließt.

„Das fliegt nach Amerika, das nach Gomera, das nach Afrika", erzähle ich ihm. In Gomera waren wir zweimal mit ihm. Für diesen Oktober hatten wir eine weitere Reise dorthin geplant und wenige Tage vor der Diagnosestellung gebucht. Alle haben sich darauf gefreut. Gabriele bestand auf den Abschluss einer Reiserücktrittsversicherung, was ich für reine Geldverschwendung hielt.

Eines Nachmittags kommen die Erzieher aus Yannicks Kinderladen. Sie bringen eine Diddl-Maus mit, genau die, die ich ihm letztens im Spielzeugladen nicht kaufen wollte. Sie setzen sich zu uns unter den kleinen Apfelbaum, im Kreis um Yannick herum, der in seinem Sitzsack gelagert ist, erzählen vom Kinderladen, trinken Kaffee. Yannick ist im Mittelpunkt, nimmt teil, wird dabei fast ständig gefüttert, da die Nahrungsaufnahme immer länger dauert, immer mühsamer wird. An anderen Tagen kommen Nachbarn und Freunde. Sie lesen Yannick vor, bringen kleine Geschenke, Überraschungen, Aufmerksamkeiten mit, unter anderem auch selbstgepflückte Himbeeren, die Yannick so sehr liebt. Yannick zeigt seine Freude, lacht glucksend, den ganzen Körper dabei spastisch streckend. Diese Krämpfe machen ihm offensichtlich zu schaffen. Im Kinderladen wird ein großer Pappschmetterling mit einer Flügelspannweite von über einem Meter gebastelt. Alle Kinder beteiligen sich, malen etwas darauf und bringen ihn Yannick gemeinsam zu uns nach Hause. Und sie malen zusammen ein großes Bild für ihn, jeder trägt etwas bei.

Den ganzen Spätsommer über vergeht fast kein Tag ohne solche Besuche, Geschenke, Zeichen der Liebe. Das Haus ist offen wie ein Taubenschlag, lebt wie nie zuvor. Noch nie genossen wir eine solche Aufmerksamkeit, eine solche Unterstützung. Yannick immer im Mittelpunkt, alle beziehen sich auf ihn, er sich auf alle, ist da, gibt mehr, als ihm gegeben werden kann. Im Grunde genommen ist es Yannick, der durch seine bloße Anwesenheit die Menschen ins Haus zieht. Seine Ausstrahlung, das, was von ihm ausgeht, von ihm, der völlig gelähmt und stumm auf dem Schoß sitzt oder auf seinem Sitzsack gelagert ist.

Es kommen seine Freunde mit ihren Eltern: Till mit Jutta, Ronja mit Lydia und Manni, Sebastian mit Ingrid, Leonie mit Claudia und Alex. Es ist seine frühere Krabbelgruppe, seine „Gang". Die vier bzw. fünf Kleinen, die ein richtiges Gruppengefühl entwickelt haben, gehören zusammen. Ronja ist seine beste Freundin, Leonie ist fest entschlossen, ihn zu heiraten.

„Ein Freund bleibt ein Freund" meint Yannicks Kinderladengefährte Laurens.

Yannicks fünfter Geburtstag wird zu einem großen Fest. Der gesamte Kinderladen kommt zum Gratulieren. Selbst der blaue Geburtstagsthron aus dem Kinderladen wird zu uns ins Haus getragen, einer der beiden Lehnstühle, deren Sitzflächen und Rückenlehnen die Erzieher mit blauem beziehungsweise gelbem Plüsch bespannt und deren Beine und Armlehnen sie mit silberner Folie beklebt haben. Im Kinderladen werden diese Stühle nur hervorgeholt, wenn eines der Kinder Geburtstag hat. Der blaue Thron sollte jetzt für immer in unserem Haus verbleiben. Auch eine Geburtstagskrone in Yannicks Lieblingsfarbe, aus gelber Pappe, wurde im Kinderladen gebastelt, mit einer großen „5" drauf. So sitze ich dann am Kaffeetisch auf Yannicks Thron, das Geburtstagskind auf dem Schoß haltend und seinen Kopf mit der Krone stützend. Alle seine Freunde sind da. Als wir am Nachmittag wieder im Garten unter dem Apfelbaum sitzen, kommt Manni, der Vater von Yannicks Freundin Ronja und Berufsmusiker, baut sich mit seinem Kontrabass neben uns auf und spielt Yannick ein Geburtstagsständchen. Yannick lacht, freut sich, krampft spastisch beim Lachen.

Herbst

1

Die Tage werden kürzer und die kühleren Nächte kündigen den Herbst an. Wir lesen Yannick viel vor, meistens gepaart mit dem immer mehr Zeit beanspruchenden Zuführen von Nahrung. Zu den Mahlzeiten sitzt Yannick mit am Küchentisch auf Gabrieles oder meinem Schoß, gelagert an die Kissenwurst und mit untergelegtem Kissen, damit sich keine Druckstellen bilden. Jeden Löffel Joghurt müssen wir mehrere Male in seinen Mund führen, weil die Zunge beim Schluckversuch einen Teil davon immer wieder hinausstößt. Wir brauchen täglich zahlreiche Lappen, die Waschmaschine läuft fast ohne Unterlass. Gelegentlich muss Yannick zur Toilette, was er anfangs noch mit dem Zeigefinger der rechten Hand anzeigt, später, als das nicht mehr geht, nur noch durch heftiges, gepresstes Atmen signalisiert. Wenn wir ihn zur Toilette tragen und dabei sein Kopf auf unserer Schulter liegt, ist oft anschließend auch unser Pullover reif für die Wäsche. Wir selber müssen mindestens einmal am Tag die Kleidung wechseln. Auch die Inkontinenz nimmt langsam zu. Hosen müssen bis zu drei oder vier Mal am Tag gewechselt werden. Schließlich greifen wir zunehmend zu Einweg-Höschen.

Seitdem Yannick kaum noch und nur mit großer Anstrengung den rechten Zeigefinger bewegen kann, verständigt er sich mit Hilfe kleiner Bewegungen seiner noch immer leuchtenden wachen Augen, die er als Zeichen der Zustimmung hinauf und hinunter, und der Ablehnung nach links und rechts bewegt.

Nachts schläft er bei uns im Bett, wo er zwischen uns liegt, immer zu Gabriele und zum Licht orientiert. Er will und kann sich nicht mehr umdrehen.

Yannick wacht früh auf, wird morgens schon durch leiseste Geräusche geweckt. Ich stehe also mit zeitlupenartigen Bewegungen lautlos auf, bewege mich ebenso lautlos vom Schlafzimmer ins Bad, wo ich am Abend zuvor bereits meine Kleidung bereitgelegt habe. Unter keinen Umständen Yannick wecken, der nach unserer Überzeugung immer zu kurz schläft. Lautloses Agieren im Bad. Ist der Rasierer nicht schon zu laut? Zum Ende hin dusche ich nicht einmal mehr, weil das im benachbarten Schlafzimmer zu hören ist. Dann die Mädchen wecken, die lautlos ins Bad schleichen müssen, dort nur flüstern, kein lautes Geräusch machen dürfen. Schließlich auf Zehenspitzen die Treppe hinunter. Warum schleift die Treppentür immer auf dem Teppichboden? In der Küche darf endlich normal gesprochen werden. Oft stellt sich dann hinterher heraus, dass Yannick mit meinem Aufstehen ohnehin schon wach war. Gabriele und Yannick bleiben noch eine Weile liegen, während ich mit einge-schaltetem Handy und ständig abrufbereit früh zur Ar-beit fahre, um ein paar Stunden aufzuholen. Anders als noch vor einigen Monaten, als es mir so wichtig war, zu Hause mitzuhelfen und damit sicherzustellen, dass Yannick seine Medikamente einnahm. Jetzt sind es ohnehin nur noch die Cortisonzäpfchen am Mor-gen und eventuell homöopathische Kügelchen.

Das Thema Tod ist wieder in die Ferne gerückt. Eine neue Normalität hat sich eingestellt. Es gibt wie-der eine Art Alltag. Die für eine Trauerfeier vorberei-teten Karten, Fotos und Adressenlisten sind wegge-packt. Es ist ein Leben mit einem behinderten Kind.

„Yannick ist wieder da. Er hat seine Sachen wieder ausgepackt", berichtet uns Dr. J..

Yannicks Zustand verändert sich nur noch lang-sam, fast unmerklich, wirkt oft stabil. Manchmal scheint mir sogar, er könne sich wieder etwas mehr bewegen. Dann keimt wieder neue Hoffnung: solange Yannick lebt, kann sich die Entwicklung umkehren, wodurch auch immer bewirkt. Ich lasse mich noch einmal zwei Wochen krankschreiben, arbeite danach bis mittags, je länger der Zustand andauert wieder bis in den Nachmittag. Dann kommen gelegentlich auch wieder Abendtermine dazu. Es fällt mir oft schwer, mich nach der Arbeit wieder auf Yannick einzustellen, die notwendige Geduld mit ihm aufzubringen, der Si-tuation zu Hause, vor allem auch Mara und Johanna gerecht zu werden. Immer beeile ich mich, schnell nach Hause zu kommen, aber es ist keine Freude, die mich treibt, sondern innere Beklemmung, ängstliche Erwartung. Immer wieder nimmt Yannick es mir offenbar übel, wenn ich längere Zeit weg war und lässt es mich spüren, indem er nur Gabriele erlaubt, etwas für ihn zu tun, ihn auf den Schoß zu nehmen. Erst wenn es mir dann irgendwann gelingt, eine Verbindung zu ihm herzustellen, kann ich innerlich etwas entspannen.

Die Mädchen gehen zur Schule, verabreden sich mit ihren Freundinnen, übernachten dort auch häufiger, während sich Gabriele, unterstützt durch die beiden Kinderkrankenpflegerinnen, Nachbarn und Freunde um Yannick kümmert.

Die Adventszeit ist noch weit entfernt, als Yannick darauf besteht, dass wir ihm das Buch „Morgen Findus wird's was geben" vorlesen, die Geschichte, in der der alte Kauz Petterson für seinen Kater Findus eine Weihnachtsmannmaschine baut. Schon vor Wochen, es war noch im Spätsommer, verlangte Yannick, dass wir ihm einen Adventskalender aufhängen - nicht seinen eigenen in Form einer roten Glocke, sondern Maras in Form eines grünen Tannenbaums. Gabriele erfüllte ihm diesen Wunsch und befüllte den Kalender mit Süßigkeiten. Nimmt er die Advents- und Weihnachtszeit vorweg, weil er weiß, dass er sie dieses Jahr nicht mehr erleben wird? Als Mara und Johanna auf unsere Frage sagen, sie glaubten, Yannick würde Weihnachten erleben, beginnen wir, uns Gedanken über Weihnachtsgeschenke für ihn zu machen.

Wir haben uns in der neuen Alltagsroutine, in einem Leben mit einem gelähmten Kind eingerichtet, beginnen sogar ein wenig die familiäre Normalität und die noch mäßig warmen Tage dieses sonnigen und goldenen Herbstes zu genießen, als sich Ende Oktober Yannicks in den letzten Wochen so stabiler Zustand rapide verschlechtert. Die Verschleimungen und Schluckbeschwerden nehmen dramatisch zu. Es ist ein Einbruch.

Erstmals Schmerzen, Kopfschmerz. Das, wovor ich mich am meisten gefürchtet habe. Mein Sohn muss leiden. Yannick weint. Erst sind es noch Paracetamol-Zäpfchen, dann Tramal-Tropfen, letztlich Morphium. Ich verlasse mich auf Gabriele, die mit Kollegen Kontakt hält, die Mittel dosiert. Aber wie soll richtig dosiert werden können, wenn er so gar nicht differenziert auf Fragen antworten kann? Yannick reagiert manchmal kaum noch, wirkt abwesend, die amüsanten Stellen in seinen Lieblingsbüchern bereiten ihm nicht mehr das alte Vergnügen.

Nur in meinen Träumen geht es Yannick wieder besser. In meinem letzten Traum läuft er sogar wieder, wenn auch sehr wackelig und einmal muss ich ihn im letzten Augenblick auffangen, bevor er auf den Kopf fällt. Auf meine Bemerkung „Yannick kann wieder reden" erklärt er „klar, hundertprozentig!"

Die Träume zeigen mir, wie sehr ich trotz allem noch immer auf Wunder hoffe, die Hoffnung auf Yannicks Heilung nie aufgegeben habe, mich gegen den oft unaufhaltsam scheinenden Prozess stemme, nicht loslassen kann. Ich bin noch immer bereit, alles zu tun, was dieser Hoffnung neue Nahrung geben könnte. Als ich von dem Wundermittel Galavit höre, eine Entdeckung der russischen Weltraumforschung, mit dem aussichtslose Krebsfälle geheilt worden sein sollen, bin ich bereit, sofort nach Moskau zu fliegen, um dieses zu astronomischen Preisen schwarz gehandelte Medikament zu beschaffen. Schließlich bekomme ich es nach ziemlich mysteriösen und abenteuerlichen Kontakten zu einem halbwegs zivilen Preis per Kurier von einem Lieferanten aus Norddeutschland. Als ich Yannick davon erzähle, dass ein zwei- bis dreijähriges Mädchen in Süddeutschland nach der Behandlung mit Galavit wieder sprechen und krabbeln konnte, freut er sich und lacht. Bei ihm aber haben die Spritzen keine Wirkung.

Wir sind völlig überrascht, als Yannick sich plötzlich wieder der Außenwelt öffnet. Der inzwischen vollständig gelähmte Junge begibt sich in die Welt hinaus. Hatte er über Wochen das Haus nicht verlassen wollen, ist es ihm jetzt auf einmal wichtig, der Geburtstagseinladung seiner Freundin Ronja, die keine hundert Meter entfernt unten an der Straßenecke wohnt, Folge zu leisten.

Alle seine Freunde sind schon versammelt, als ich mit Yannick auf dem Arm in die Küche trete, wo auf dem großen Kiefernholztisch die Torten angerichtet sind und der heiße Kakao dampft und seinen süßlichen Duft verströmt.

Mit Yannicks Auftritt hat offenbar keiner gerechnet. Die Überraschung ist perfekt, alle bestürmen ihn,
überschäumende Freude schlägt ihm entgegen. Für
Ronja scheint Yannicks Erscheinen das größte Geschenk zu sein. Ich nehme ihn auf meinen Schoß und
versuche seinen Kopf so zu halten, dass er möglichst
viel von dem Geschehen, an dem er nicht mehr aktiv
teilnehmen kann, sehen und verfolgen kann. Wir haben uns vorgestellt, dass er vielleicht eine halbe oder
eine Stunde dabei bleiben kann. Aber er will nicht
mehr weg, er genießt diesen Nachmittag bis zur Neige,
amüsiert sich über das Kaspertheater, beobachtet
seine Vier- und Fünfjährigen Freunde beim Spielen
und Toben und Kuchenessen. Manchmal amüsiert ihn
etwas, er lacht. Er will bleiben - bis die letzten Gäste
von ihren Eltern abgeholt sind. Erst als endgültig das
Ende des Kindergeburtstags verkündet wird, lässt er
es zu, dass auch wir uns verabschieden.

Kurz darauf will er auch seine Freunde Till und Sebastian noch einmal besuchen. Dieses Mal geht Gabriele mit ihm. Selbst in unser altes Café Kittel will Yannick auf einmal wieder. Er sitzt dort in seinem Buggy
am Bistro-Tischchen und schluckt löffelweise vom
warmen Kakao.

Ich fahre mit Yannick noch einmal zu Dr. J. zur
meditativen Behandlung und an einem anderen Tag zu
„unserem" Heiler R. aus s'Heerenberg, der Yannick
wie so oft in den letzten Monaten durch Handauflegen
behandelt. Jedes Mal bette ich ihn in seinen Kindersitz
auf dem Beifahrersitz des Familien-Vans und fixiere

seinen Kopf so, dass er nicht wegrutschen und Yannick gut hinaussehen kann.

An der vierspurigen Einfallstraße in die Stadt glühen die herbstlichen Ahornbäume im Licht der tief stehenden Sonne in rötlichen und gelblichen Farben. Die Welt, von der ich nicht mehr weiß, wie ich Yannick darin festhalten soll, zeigt sich in diesen ersten Novembertagen von ihrer schönsten Seite. Am Weg liegen Stationen von Yannicks Leben, die ihm wichtig waren und auf die ich ihn im Vorbeifahren aufmerksam mache: der Supermarkt Hit, in dem wir zusammen eingekauft haben und wo es ihm immer wieder gelungen ist, das eine oder andere Extra in den Einkaufswagen zu schmuggeln, „sein" Kinderladen, das Luisenhospital, wo er geboren wurde, der Hauptbahnhof, von wo aus wir die eine oder andere Reise angetreten haben, das Restaurant Kalymnos, wo wir oft mit der ganzen Familie freitags abends das Wochenende eingeläutet haben. Als ich ihm im Vorbeifahren die Orte zeige und ihm davon erzähle, reagiert Yannick äußerlich nicht, aber ich spüre, dass er Abschied nimmt. Beim Passieren des Kalymnos erinnere ich mich an mein Versprechen, noch einmal gemeinsam mit ihm hier essen zu gehen. Ich weiß nicht, ob er sich ebenfalls daran erinnert. Ich habe ein schlechtes Gewissen, glaube selber nicht mehr daran, mein Versprechen halten zu können.

2

Mit einem lauten „Buhh" erschreckt der bunte Elefant Elmar seine Artgenossen. Und entsprechend laut lese ich Yannick diese Passage vor, über die er sich wie in früheren Zeiten amüsiert. Wieder kichert er schon eine Seite vorher, krampft vor Vergnügen. Beim Vorlesen im Bett an diesem Montagabend ist Yannick so aufmerksam und präsent wie lange nicht mehr.

Am Ende dieser Woche, am elften November, wird Sankt-Martin gefeiert werden. Unser kleiner Kinderladen hat seine eigene Tradition entwickelt, diesen für jedes rheinische Kind besonderen Tag zu begehen. Die zwanzig Kleinen und ihre Familien bilden jedes Jahr ihren eigenen kleinen Martinszug mit selbst gebastelten Laternen und als Sankt Martin und als „armer Mann" verkleideten Eltern. Ein Zug, der sich vom Kinderladen zum nahen Westpark bewegt und später nach seiner Rückkehr bei Glühwein für die Großen und Kakao für die Kleinen und Weckmann-Essen für alle endet.

Da Sankt Martin in diesem Jahr auf einen Samstag fällt, soll der Zug schon zwei Tage vorher am Donnerstag stattfinden.

Wir sind völlig überrascht von Yannicks Begehren, auch in diesem Jahr mitzugehen. Immer wieder hat er es in den letzten Monaten abgelehnt, noch einmal mit uns zum Kinderladen zu fahren. So ist es das erste Mal seit fast fünf Monaten, als Yannick an diesem frühen

Herbstabend noch einmal in seinen ehemals so geliebten Kinderladen zurückkommt. Wir haben ihn in seinem Buggy kaum über die Schwelle geschoben, als er schon mit atemberaubender Überschwänglichkeit und Begeisterung begrüßt wird: „Der Yannick ist da! Der Yannick ist da!" macht es sofort die Runde und alle stürmen herbei. Die Freude der Kinder ist überwältigend.

An diesem Morgen war das Füttern breiförmiger Nahrung zum ersten Mal nicht mehr möglich. Es fiel uns schwer, Yannick jetzt auch noch eine Magensonde zur künstlichen Ernährung zumuten zu müssen, ihm den Geschmack der Beeren und Früchte, der Schokolade oder des Joghurt zu nehmen. Aber er droht bereits seit einiger Zeit auszutrocknen, kann Flüssigkeit nicht mehr richtig schlucken. Den Schlauch in der Nase und im Gesicht festgeklebt sitzt Yannick also in seinem Spezialbuggy in dem kleinen Essensraum des Kinderladens. „Was hat Yannick da?" fragen die Kinder unbefangen. Yannick hat Tränen in den Augen.

Der kleine Zug setzt sich in Bewegung, durch das silberne Gittertor auf den Garagenhof und durch die Tordurchfahrt hinaus auf die Straße in Richtung Westpark. Es ist dunkel, ein windstiller, klarer Abend, der nach Herbstlaub riecht. Ich schiebe den Buggy, halte dabei mit einer Hand Yannicks Kopf, damit er so viel wie möglich sehen kann, und um zu verhindern, dass er wegrutscht. Seine Laterne in Form des Flugsauriers Pteranodon ist am Buggy so festgesteckt, dass sie in seinem Blickfeld bleibt.

Der Zug bewegt sich durch den dunklen Park, die Laternen sind bunte Flecken im Schwarz der Nacht. Ronjas Eltern begleiten die Sankt-Martins-Lieder auf einem Saxofon und einer riesigen Tuba. Niemand sieht meine Tränen, hinter denen die Lichter verschwimmen. Die Erinnerung an das vergangene Jahr überkommt mich, als Yannick mit seiner selbstgebastelten Laterne ausgelassen im Zug mitrannte. Der Anblick der anderen Kinder, die stolz ihre Laternen hochhalten, und deren Augen glänzen, die Lieder und die Lichter: all das lässt eine grenzenlose Verzweiflung in mir aufsteigen.

Im Kinderladen ist schon alles vorbereitet. Tüten voller Weckmänner und Töpfe mit heißem Kakao und Glühwein stehen bereit und verbreiten ihren Duft. In dem mit Laternen und Girlanden dekorierten hellen, warmen Essraum und in der angrenzenden Küche drängeln sich die Eltern und Kinder.

Als ich mit dem Buggy hereinkomme, machen alle Platz. Die Kinder nehmen Yannick liebevoll in ihre Mitte. Wir beobachten staunend, dass er wie ein König aufgenommen, als ganz außergewöhnlicher Ehrengast behandelt wird. Wie weit entfernt ist das von meiner Befürchtung, er könnte von den anderen Kindern nicht beachtet, vielleicht sogar abgelehnt oder gehänselt werden! Stolz erfüllt mich auf diesen kleinen Jungen, der keinen Weckmann mehr essen und keinen Kakao mehr trinken kann, aber die Herzen erwärmt und selbst in diesem bewegungslosen Zustand alles überstrahlt.

Alle spüren, warum Yannick gekommen ist: um hier an ihrem Ort, wo sie so vieles gemeinsam erlebt haben, in dieser magischen Nacht von ihnen Abschied zu nehmen. Es ist der Höhepunkt seiner Abschiedsreise, die mit seinem Auftritt an Ronjas Geburtstag begonnen hat.

Am folgenden Tag, es ist Freitag, der zehnte November, soll der Sankt-Martinszug von Maras und Johannas Grundschule stattfinden. In den Wochen zuvor haben die beiden Mädchen in der Schule fantasievolle Laternen gebastelt. Jeder Klassenverband hat jeweils die gleichen Laternen und ist im Zug gut daran zu erkennen.

Der traditionelle Sankt-Martinszug dieser Schule ist einer der größten der Stadt und die Schulleiterin überlässt nichts dem Zufall, damit er die spektakulärsten Attribute hat: eine im Zug mitlaufende Blaskapelle gibt die bekannten Lieder vor, an der Spitze reitet der heilige Martin in seinem roten Mantel durch die von den Anwohnern liebevoll mit Lampions ausgeschmückten Straßen. Der Zug endet auf dem Sportplatz, wo eine Gruppe von Eltern einen viele Meter hohen Scheiterhaufen aufgeschichtet hat.

Yannick verlangt, auch an diesem Zug noch einmal teilzunehmen. Da er häufig abgesaugt werden muss, beschließen wir, dass es reichen muss, wenn er am Schluss beim Feuer dabei ist. Als es draußen dunkel ist, kümmern wir uns also erst um Mara und Johanna, damit sie im Zug in ihren Klassenverbänden mitgehen können, wenn auch dieses Mal ohne ihre Eltern in Sichtweite. Wir statten sie noch mit Beuteln aus, damit sie nach dem Zug mit ihren Freunden „schnörzen" gehen können, also an den Haustüren Martinslieder singen und in ihren Beuteln Süßigkeiten sammeln, bevor ich sie mit ihren Laternen schnell im Auto zur Schule fahre, wo bereits die anderen Kinder und ihre Angehörigen zusammenströmen. Anschließend eilig nach Hause, um mit Gabriele Yannick samt Buggy im Auto zu verstauen und in die Nähe des Sportplatzes zu fahren. Es dauert quälend lange, Yannick mit seinem Ernährungsschlauch auf dem Sitz zu fixieren und alles einzupacken. Wir kommen gerade noch rechtzeitig an, als der Zug sich bereits auf den weitläufigen Platz ergießt und die Kinder sich mit ihren bunten Laternen in einem großen Rund um den weiträumig abgesperrten Scheiterhaufen verteilen.

Als wir Yannick aus dem Auto holen, steigt der fast volle Mond riesig groß am Horizont auf und nimmt seinen Lauf über den wolkenlosen Nachthimmel. Dann stehen wir an der Absperrung, spüren die Wärme des gewaltigen Feuers, dessen Flamme zehn Meter hoch in den schwarzen Himmel züngelt und Millionen leuchtender Funken versprüht. Den Widerschein des Feuers auf seinem Gesicht sitzt Yannick mit dem Schlauch in der Nase in seinem Buggy und beobachtet aufmerksam den Sankt Martin auf seinem großen dunklen Pferd, der in dem weiten Rund um das Feuer seinen Mantel teilt und eine Hälfte dem armen

Mann überlässt. Die klare und kühle Nacht ist unterbrochen von der Wärme des Feuers, den Farbklecksen hunderter bunter Laternen und den Klängen der Blaskapelle, die in langsamem, getragenem Takt das Prasseln des Feuers übertönen. Es ist Yannicks letzter Ausflug. Später sind wir sicher: diesen Tag und dieses Ereignis wollte er noch erleben, das hat ihm letzte Kraft gegeben. Sankt Martin, dieser Zug und dieses Feuer bleiben für immer die Symbole und die Begleitmusik seines Todes. Wir besuchen seither Jahr um Jahr wieder dieses immer gleiche Ereignis, lassen die Bilder jener Nacht vor uns aufsteigen und bleiben mit alten Freunden, einen wärmenden Glühweinbecher in der Hand, bis das Feuer heruntergebrannt ist und die Schulkinder mit ihren Eltern längst weitergezogen sind.

An diesem Abend will Yannick ebenfalls bleiben, bis die Menge sich auf den Weg zurück zur Schule macht und das Feuer zu einem riesigen Berg rot, gelb und blau leuchtender Glut geworden ist. Er besteht darauf, dass wir zusammen mitziehen und auf dem Schulhof Weckmänner, Glühwein und Kakao in Empfang nehmen, auch wenn er nichts mehr davon essen oder trinken kann. Erst als die Menge nach und nach auseinandergeht, lässt er uns ihn zum Auto bringen. Mara und Johanna gehen mit ihren Laternen „schnörzen" und übernachten danach auswärts bei Freundinnen. Wir fahren mit Yannick nach Hause und bringen ihn ins Bett. Er schläft sofort ein.

3

Dient der Schlaf den Sterbenden dazu, ein letztes Mal Kraft für ihren schweren Weg zu sammeln? Als mein Vater gut fünf Jahre später stirbt, berichtet meine Mutter, er habe an dem Morgen seines Todestages - völlig unerklärlich für sie - viel länger geschlafen als er es seit Jahren tat. Yannick ist in der letzten Zeit immer sehr früh morgens aufgewacht. Aber an diesem Samstag, dem elften November, schläft er bis gegen neun Uhr, so lange wie seit Monaten nicht.

Der Tag beginnt in den gewohnten Bahnen. Wie an jedem Samstag holen wir Brötchen vom Bäcker. Es ist ein Tag mit einer kühlen Herbstsonne. Frühstück zu Dritt. Irgendwann am Vormittag werden Mara und Johanna von ihren Übernachtungsbesuchen nach Hause gebracht. Ein langjähriger Freund von mir kommt zu Besuch, hat Bilderbücher für Yannick mitgebracht. Darunter eines aus seiner eigenen Jugend, von einer Weltreise, die zwei Kinder gemeinsam unternehmen. Er liest dem auf das Sofa gelagerten Yannick das Buch vor. Aber Yannicks Blick ist woanders. Das letzte Foto entsteht. Das den Tagesablauf bestimmende Füttern ist vorbei, dank des Schlauches, den Yannick so verabscheut. Ob durch diesen Umstand seine Lebensqualität unter das ihm erträgliche Maß gesunken ist? Bis hier und nicht weiter. „Das ist mir zu stressig" war einer seiner beliebten Sprüche und, wäre es ihm noch möglich, würde er es vielleicht auch jetzt sagen. Die künstliche Ernährung ist ihm offensichtlich zu stressig.

Ich drucke eine E-Mail aus: Informationen über ein neues Therapieverfahren. Am frühen Nachmittag fahre ich Johanna zu einem Kindergeburtstag und mache auf dem Rückweg noch einen Kurzbesuch bei Freunden in der Nähe.

„Warum hattest du das Handy nicht an?" fragt Gabriele später. Seit drei Uhr nachmittags hat sich Yannicks Zustand verändert. Sein Atem rasselt, setzt manchmal aus. Flüssigkeit in der Lunge. Gabriele hat ihn mehrmals abgesaugt, aber es hilft nicht mehr.

Als ich nach Hause komme, steht die Oberärztin, die im März die Diagnose gestellt hat, im Wohnzimmer. Sie ist „zufällig vorbeigekommen". All die Zeit hatten wir praktisch keinen Kontakt, bis auf den Tag nach jener dramatischen Nacht im August, als sie ebenfalls „zufällig vorbeigekommen" ist. Warum kommt sie jetzt ausgerechnet pünktlich zum Sterben? Was veranlasst sie, genau an diesem Tag zu erscheinen?

"... Lungenödem ... dauert nicht mehr lange ... Johanna zurückholen ...". Ich nehme ihre Worte nur bruchstückhaft auf. So wie damals, als sie in ihrem Dienstzimmer im Klinikum erklärt hatte, drei bis sechs Monate blieben Yannick zu leben. Ich nehme meinen Sohn in den Arm. Die Ärztin weicht nicht, bleibt im Wohnzimmer stehen. Ihre Gegenwart wird mir unerträglich. Wir müssen jetzt mit Yannick allein sein, jede noch verbleibende Minute. Nur wir in der Familie. Sie kann nichts tun. Nicht helfen. Aber sie bleibt. Sie kann so wenig helfen, wie die ganze Schulmedizin überhaupt hat helfen können. In meinen Augen verkörpert sie hier in diesem Moment ihre gesamte Medizin – so wie ich sie wahrnehme: daneben, nicht wirklich da, hilflos, aber unfähig, ihre Hilflosigkeit und Nutzlosigkeit in dieser Situation zu erkennen Sie kann nicht gehen, so wie die Medizin nicht akzeptieren kann, dass sie irgendwann am Ende ist. Durch ihr Bleiben repräsentiert sie diese Unfähigkeit, personifiziert eine Medizin, die ihre Apparate nicht abzustellen vermag, weil es ihre Niederlage wäre. Sterben als Scheitern der Medizin. Ich werfe sie hinaus. „Ich möchte jetzt mit meinem Sohn allein sein".

Jahre später treffen wir sie bei einem Gottesdienst für gestorbene Kinder. Wir verabreden uns und können schließlich über diese Begegnungen sprechen. Yannick und sein Fall, wie auch unsere Ablehnung der hilflosen Angebote des medizinischen Apparates, sind offenbar bei ihr und dem Klinikpersonal unvergessen und erstaunlicherweise auf großen Respekt gestoßen. Jetzt kann ich ihr offen sagen, dass ich sie wie den Todesengel erlebt habe: mit ihrer tödlichen Diagnose am zweiundzwanzigsten März, ihrem Auftritt im August nach Yannicks Fast-Tod und mit ihrer Ankündigung des herannahenden Todes am elften November. Eine offene, schonungslose, grausam subjektive Aussprache im vollen Bewusstsein, ihr furchtbar Unrecht zu tun und getan zu haben, als sie uns in der besten Absicht aufsuchte, uns zu unterstützen.

Seine Schwestern müssen da sein! Ihn auf seinem letzten Weg begleiten. Unser Nachbar Hamid holt Johanna aus der Geburtstagsfeier nach Hause. „Das verzeihe ich dir nie!" sagt sie noch Jahre später zu Gabriele.

Yannicks Atem wird immer unregelmäßiger, setzt manchmal aus, seine Lippen werden blau, es scheint Minuten zu dauern, bis er plötzlich wieder rasselnd und stoßweise einatmet. Er wird wieder rosig im Gesicht. In seiner Brust und seinem Bauch gluckert es. Wir halten ihn abwechselnd im Arm, auf dem Schoß, in Kissen gelagert, selber auf seinem Sitzsack sitzend. Die Stunden vergehen ohne Zeit. Der Tag hat keine Farbe mehr, das Licht vergeht. Mara und Johanna wissen nicht, wie sie sich verhalten sollen, spielen etwas, machen Seilchen-Hüpfen wenige Meter von Yannick entfernt im selben Zimmer. Dann liest Gabriele allen dreien die Geschichte vom Löwenzahn vor, der stirbt und als Samen der Pusteblume wieder aufersteht. Die beiden wollen mit ihren Laternen raus und noch einmal in der Nachbarschaft „schnörzen gehen". Wir haben ganz vergessen, dass heute der eigentliche Sankt-Martinstag ist. Wir lassen sie ziehen, sagen ihnen, sie sollen nicht lange wegbleiben. Als sie zurückkommen, nehmen wir sie zur Seite und sagen ihnen, dass Yannick die Nacht wohl nicht überleben wird, bitten sie, sich von ihm zu verabschieden. „Tschöö" sagen sie, Mara auch noch einmal auf „chinesisch", schon auf der Treppe auf dem Weg nach oben, um sich fertig zu machen und ins Bett zu gehen.

„Das kannst du gar nicht wissen", wendet Mara ein, als Gabriele den Mädchen beim Gute-Nacht-Sagen sagt, dass Yannick diese Nacht sterben wird.

„Doch, das weiß ich."

Wer von uns gerade nicht den sterbenden Yannick hält, geht hinaus auf die Straße, raucht eine Zigarette, auch wenn Yannick das sicherlich riechen und überhaupt kein Verständnis dafür haben wird, dass wir ihn jetzt in seinen letzten Stunden mit dem Tabakgestank nerven. Wir können nicht mehr anders, haben beide im Laufe der letzten Monate nach Jahren der Abstinenz wieder angefangen, die eine oder andere Zigarette zu rauchen.

Gabriele legt das Requiem von Mozart auf. Yannick weint. Es ist seine letzte aktive Willensäußerung, dass er die Musik nicht will. Die Minuten vergehen, die Stunden. Draußen ist es längst dunkel. Das Schwarz der Nacht wird durch die Lampen im Zimmer abgehalten.

Es klingelt an der Tür. Ronjas älterer Bruder Moritz steht ganz alleine vor der Tür, hält seine Laterne hoch und singt Martinslieder. Yannick wird ihn bestimmt hören können. Aber er reagiert nicht mehr. Wir geben Moritz etwas in seinen Beutel. Er geht weiter durch die klare Vollmondnacht zur nächsten Tür. Andere Kinder kommen nicht mehr.

Die Zeit hat sich aufgelöst. So wie auch sonst alles um uns herum in diesem dunklen Wohnzimmer. Nur wenige Geräusche dringen von draußen herein. Das Telefon haben wir ausgeschaltet. Ich weiß nicht, ob

Yannick leiden muss, beruhige mich damit, dass er eine Morphiumgabe bekommen hat. Er wirkt nicht so, als habe er Angst. Er erbricht sich, entleert sich, dann kommt brauner Schleim aus der Nase. Es sind intensive, angstvolle, anstrengende Stunden zu dritt: Yannick, Gabriele und ich im Schein von Kerzen und einer Lampe. Wir wechseln uns weiter ab. Wer Pause hat, geht hinaus, versucht seine Verzweiflung in der kalten Nachtluft abzukühlen, die rebellierenden Nerven mit dem Rauch einer Zigarette in Schach zu halten. Bei jeder Zigarette draußen auf der Straße ist der Vollmond ein Stückchen weiter den klaren Himmel hochgekrochen. Im Zimmer durchbricht nur Yannicks gelegentlicher Atem die Stille. Und doch ist da das sichere Gefühl, dass noch mehr um uns herum ist, wir nicht allein in diesem Raum sind. Etwas Geheimnisvolles, das größer ist als wir.

„Wenn du gehen willst, Yannick, dann darfst du das. Es ist gut so". Es ist irgendwann an diesem Abend, als ich es fertigbringe, das auszusprechen, wovor ich seit Wochen und Monaten zurückschrecke, das mir nicht über die Lippen kommen wollte. Auch wenn ich tief in mir noch immer Widerstand spüre, ist es doch endlich gesagt. Hat er diese Botschaft, die ich ihm schon so lange schulde, damit er in Frieden seinen Weg gehen kann, gehört, meine leisen Zweifel in der Stimme überhört? Ich spüre meine Erleichterung, Yannick endlich diese Worte gesagt zu haben, Abschied nehmen zu können, anzufangen loszulassen.

Mara und Johanna schlafen schon lange. Ich bin müde und weiß nicht, wie es weiter gehen soll. Wie lange dauert Sterben? Ist es vielleicht doch nur ein Stadium, das wieder länger anhält? Bis morgen oder sogar noch Tage? Manchmal hat Yannick die Augen auf, meistens sind sie geschlossen. Es sind lange und beängstigende Phasen, wenn seine Atmung aussetzt. Jedes Mal wächst die Angst von neuem, dass es sein letzter Atemzug war, bis dann irgendwann doch das stoßweise Einatmen kommt. Immer wieder quälen mich Zweifel und Fragen: hat er Schmerzen, Todesangst, Erstickungsangst? Ich wage nicht, weiter zu denken, nehme wieder Zuflucht bei dem Gedanken an die letzte Morphiumgabe.

Es ist nach Mitternacht, als ich vorschlage, ins Bett zu gehen. Wir tragen Yannick hinauf in unser Schlafzimmer, legen uns hin und betten ihn zwischen uns, halten ihn gemeinsam.

Irgendwann muss ich eingedöst sei. Im Halbschlaf höre ich die hohen Töne, tiefes Ausatmen, mehrmals hintereinander. Es klingt wie der Gesang der Wale. Seine Seele ist so groß, dass sie nur in vielmaligem Walgesang aus seinem Körper entweichen kann.

4

„Yannick ist tot". Mit diesen Worten weckt Gabriele mich. Wie konnte ich nur einschlafen? Ich beuge mich über meinen Sohn. Seine Augen stehen leicht offen.

Noch viele Jahre später empfinde ich es als das größte Versagen meines Lebens, Yannicks Tod verschlafen zu haben. Es war so absehbar, dass er in dieser Nacht sterben würde. Und doch habe ich mich der Müdigkeit ergeben, habe ihn im Augenblick seines Todes allein gelassen. Wenn es einen Moment im Leben gab, in dem ich gefordert war, in dem ich gebraucht wurde, in dem ich eine wirkliche und bedeutende Aufgabe hatte, dann war es doch dieser! Wie viel wichtiger, als ihm damals vor gut fünf Jahren die Nabelschnur zu durchschneiden und ihm in die Welt hineinzuhelfen! Das Gefühl des Versagens habe ich bis heute nicht ganz ablegen können, auch wenn meine Überzeugung gewachsen ist, dass Yannick mit dem Sterben auf meinen Schlaf gewartet hat, dass er nicht gehen konnte, solange ich als derjenige, der ihn so lange nicht loslassen wollte und konnte, wach neben ihm lag. Die Mächte, die in dieser Nacht am Werke waren, die unser Haus bevölkerten, die Yannick fortgetragen haben, sie hatten es so eingerichtet, dass ich schlief. Mit der Weisheit, dass es besser war: für Yannick und für mich.

Wir warten einige Minuten, dann öffnet Gabriele das Fenster. „Es ist wichtig, dass er gehen kann, seine Seele muss hinaus können."

Draußen steht der Vollmond genau über dem Haus an seinem höchsten Punkt. Er hat den Jungen geholt und trägt ihn davon. Gut eine Stunde vor Mitternacht war astronomisch exakt Vollmond. Und es war eine halbe Stunde nach Mitternacht, als dieser absolute Vollmond am völlig klaren Nachthimmel genau den höchsten Punkt seiner Laufbahn über unserem Haus erreichte. Ich weiß nicht, ob und wie oft es eine vergleichbare Mondstellung an diesem Ort gibt. Es ist eines der Geheimnisse und Wunder, die das Geschehen in dieser Nacht begleiten und die mir noch Jahre später, als ich die genauen astronomischen Konstellationen recherchiere, Gänsehaut bereiten.

Wieder habe ich das ganz deutliche Gefühl, dass wir hier in diesem Zimmer nicht allein sind, dass auch Yannick, nicht nur sein Körper, noch ganz in der Nähe ist. Aber es ist nicht nur er. Der Raum ist voller Energie.

Vorsichtig drücke ich Yannick die Augen zu. Aber irgendwie bleibt immer noch ein Spalt offen, so als wolle er unbedingt mitbekommen, was um ihn herum passiert. Gabriele zieht Yannick aus, leert seine Blase, beginnt, seinen Körper zu waschen. Wir suchen seine Lieblingsklamotten heraus, sein T-Shirt aus Gomera mit dem Gecko drauf, und ziehen sie ihm an. Es ist nicht viel anders, als in den letzten Wochen, als Yannicks Körper auch schon völlig willenlos und schlaff war. Wir legen seine Kinderbettmatratze auf den Boden unter das Fenster und betten Yannick darauf, decken ihn zu, gruppieren seine Lieblings-Kuscheltiere um ihn herum und stellen Kerzen daneben.

Dann wecken wir Mara und Johanna aus dem Tiefschlaf, sagen ihnen, dass ihr Bruder gestorben ist. Wir möchten, dass sie sich verabschieden, bevor der Tod sein Aussehen verändert. Schlaftrunken kommen sie herüber, können ihre Augen kaum offenhalten, blicken auf ihren toten Bruder. Sie verstehen wohl nicht wirklich, was geschehen ist, gehen zurück in ihre Betten und schlafen augenblicklich weiter.

Ich lege mich neben Yannick, vergrabe meine Nase in seinen Haaren, sauge noch einmal seinen Geruch auf, um ihn niemals mehr zu vergessen. Ich spüre seine Körperwärme, drücke das Federbett fest auf ihn, damit sie so lange wie irgend möglich erhalten bleibt. Unter der Decke vergeht sie nur langsam, auch am Hals und unter dem Ohr ist sie noch spürbar, doch nach und nach zieht sich seine Lebenswärme zurück. Der Bauch hält sie am längsten noch fest, ich versuche ihr nachzuspüren, solange es geht. Es vergehen Stunden, in denen wir neben ihm liegen und uns verabschieden. Jetzt ist sein Kopf, seine Stirn kalt, seine Haut wird wachsfarben.

Gabriele stellt draußen vor der Haustür Kerzen auf und deckt dann unten in der Küche einen festlichen Frühstückstisch. Wie gewohnt für fünf Personen. Es ist merkwürdig, Yannick zu verlassen, ihn oben allein zurückzulassen. Die letzten Monate war immer jemand bei ihm. Wir warten, bis es Zeit ist, die Mädchen zu wecken. Bis dahin geht immer wieder einer von uns nach oben, bleibt einige Minuten bei Yannick, kommt wieder zurück. Wir reden nicht viel, nur das Nötigste über das, was jetzt geregelt werden muss.

Als die Mädchen zum Frühstück herunterkommen, brennt eine Kerze neben Yannicks Frühstücksteller.

Wir frühstücken zum ersten Mal nur noch zu viert, neben der brennenden Kerze, reden nicht viel, jeder in seinen Gedanken. Es ist so leer am Tisch ohne Yannick. Wir sind nicht mehr vollständig, das Loch, die Lücke auf dem freien Platz ist gewaltig. Was für einen Raum hatte Yannick doch eingenommen, selbst als er nicht mehr sprechen und sich nicht mehr bewegen konnte. Welche Präsenz er doch hatte!

Dann gehen wir hoch ins Schlafzimmer, das jetzt Yannicks Sterbezimmer ist. Die Heizung haben wir ausgestellt, das Fenster leicht geöffnet. Die kühle Herbstluft strömt herein. Es sieht aus, als ob Yannick schliefe. Mara und Johanna sagen nichts, wollen gehen. Gabriele ruft einen Hausarzt aus der Nachbarschaft an. Wir kennen ihn flüchtig, grüßen uns seit Jahren auf der Straße. Er ist betroffen, ist der Erste, der uns sein Beileid ausspricht. Dann stellt er den Totenschein aus.

Es ist Sonntag, Freunde und Angehörige sind also erreichbar. Sie kommen, bringen Blumen, gehen nacheinander hoch in Yannicks Sterbezimmer, um sich von ihm zu verabschieden. Wir sitzen zusammen, sie helfen uns bei der Gestaltung von Trauerkarten und einer Todesanzeige, bei der Planung der Trauerfeier, bei den organisatorischen Dingen. Wir suchen die schon vor Monaten erstellten Listen für die Einladung und unsere damaligen Entwürfe heraus. Die Großeltern, Onkel, Tanten müssen angerufen, die Todesnachricht überbracht werden. Es ist jetzt anders als im Frühjahr, als wir ihnen die tödliche Diagnose mitteilen mussten. Es geht, ohne in Tränen auszubrechen. Ich fühle nichts, bin wie narkotisiert. Die siebeneinhalb Monate, die hinter uns liegen, waren offenbar bereits eine Zeit der Trauer, der Trauerarbeit, des Abschiednehmens. Wir haben vieles durchlebt und vorweggenommen, was andere bei dem schnellen Verlust eines nahestehenden Menschen erst nach dessen Tod zu durchleben und durchleiden haben.

Wann soll Yannick beerdigt werden und wie und wo? Wie wollen wir eine Abschieds- und Trauerfeier gestalten? Wir rufen die örtliche Bestatterin an, dann den Pfarrer, der die drei Kinder getauft hat und den Yannick „Pharao" nannte. Wir legen den spätestmöglichen Termin für die Beerdigung fest, den Freitag, gut fünf Tage nach Yannicks Tod.

Nicht schwarz, sondern in einem leuchtenden Gelb sind die Todesanzeigen eingerahmt, die wir am nächsten Tag in großer Zahl verschicken wollen.

Am Nachmittag gehen wir mit Mara und Johanna hinauf zu dem kleinen Friedhof, um einen Grabplatz für Yannick auszusuchen. Wir finden einen Ort, von dem wir alle meinen, dass er auch Yannick gefallen würde: ganz am Rand, direkt über dem Hohlweg, auf dem wir alle zusammen noch vor weniger als einem Jahr unseren Weihnachtsbaum auf einem Schlitten nach Hause gezogen haben. Unter hohen Bäumen, die ein wenig wie „ein finsterer Wald" sind, und mit genügend Platz links und rechts für den einen oder anderen von uns später einmal. Anschließend gehen wir in die kleine Konditorei, von der die Kinder so oft am Wochenende Kuchen geholt haben, trinken Kaffee und Kakao, erzählen uns von Yannick.

Die beiden Mädchen wollen am Montag in die Schule, suchen Normalität, ein Stück Welt, die sich weiterdreht, so wie sie es kennen, die nicht zerfällt. Ich rufe auf im Büro an, berichte vom Tod meines Sohnes und entschuldige mich für diese Woche.

Wir wollen Yannick bis zur Beerdigung nicht aus dem Haus geben. In Deutschland wäre das undenkbar. Hier in unserem niederländischen Grenzort lässt man uns gewähren. Die Bestatterin kommt nur alle paar Tage, um zu sehen, ob es noch geht. Wir sind dankbar für diese Woche. Unzählige Menschen kommen zu allen Tageszeiten, um sich von Yannick zu verabschieden. Er liegt oben zwischen Kerzen, inzwischen in einem Blumenmeer und von seinen Kuscheltieren umgeben. Ein großer Teil der Kinder aus dem Kinderladen und aus seiner früheren Krabbelgruppe kommen mit ihren Eltern, gehen in das Totenzimmer, bleiben eine Zeit, sprechen mit Yannick, beten, nehmen Abschied. Manche kommen mehrmals. Viele schreiben etwas in das dort ausliegende Buch. Abschiedsworte, Erinnerungen. Mehrmals am Tag gehe auch ich hoch, schließe die Tür hinter mir, bin mit Yannick allein, bin ihm nah, spüre, dass er noch da ist, dass er jedenfalls noch in der Nähe ist, dass es nur eine ganz dünne Membran gibt zwischen meiner hiesigen und seiner dortigen Welt. Versuche, noch etwas von seinem Duft zu erhaschen, der sich immer mehr verliert. Erzähle ihm von den Dingen, die passieren und von meinen Gedanken und stelle mir seine Reaktion vor. Ich schneide ihm eine Haarsträhne ab, die ich leider später verliere und nie mehr wiederfinde. Mara geht jeden Abend zu ihm und sagt ihm „Gute Nacht".

5

Dann ist der Tag gekommen. Wir ziehen Yannick seinen blaugrüngestreiften Wollpullover und seine Cordhose an. Darin wird er nicht frieren. Gabriele wirkt ähnlich beklemmt wie ich mich fühle, als wir morgens auf die Bestatterin warten. Es wird der letzte Teil des Abschieds von Yannick sein. Sein Körper wird uns für immer verlassen. Sie kommt früher als angekündigt, noch bevor ich ein letztes Mal oben mit Yannick allein sein kann, parkt mit dem riesigen schwarzen Leichenwagen direkt vor der Tür. Es ist das erste Mal, dass ein Leichenwagen in diese vor acht Jahren neu angelegte Straße fährt. Der schlichte Kiefernsarg, den wir ausgesucht haben, passt nicht die enge holländische Treppe hinauf. Die Bestatterin ermuntert mich, Yannicks Leichnam selbst auf den Arm zu nehmen, ihn hinunter bis in die Diele zu tragen und in den Sarg zu legen. Ich bin hierauf nicht vorbereitet, zögere, aber dann tue ich es, halte ihn ein letztes Mal, trage ihn die Treppe hinunter. Als ich ihn in den Sarg lege, bricht meine all die Tage aufrecht erhaltene äußere Fassung in sich zusammen, überwältigt mich der Schmerz. Wir stecken Yannick ein kleines Spielzeug-Handy aus Plastik in die Hosentasche, damit wir immer in Verbindung bleiben können, außerdem Goldtaler, damit er nicht mittellos ist, und einen Vulkanstein. Dann wickeln wir ihn noch in eine bunte Wolldecke ein, als zusätzlicher Schutz gegen die Kälte, legen ihm seinen Plüsch-Dinosaurier ‚Bronti‘, den er im Frühjahr von Gabrieles Eltern geschenkt bekommen hat, und den rot-weißen Stoff-Elefanten, den Mara ihm zur Geburt geschenkt hat und der zuletzt ‚Elmar‘ genannt wurde, in den Sarg. Bevor der Deckel verschlossen wird lege ich ihm einen Brief von mir hinein. Dann wird der Sarg mit Yannick aus unserem Haus getragen. Ich schaue dem Leichenwagen nach, als er die Straße hinunter fährt, bis er hinter der Straßenecke verschwindet.

Wir sind allein, Mara und Johanna sind noch in der Schule. Der Himmel ist grau. Ich stehe am Fenster, blicke in den Garten und sehe, dass Yannicks Pflaumenbaum soeben seine letzten Blätter verliert.

Für nachmittags um drei haben wir zur Trauerfeier im Gemeindezentrum „Arche" eingeladen, wo die Kinder vor sieben Monaten getauft wurden. Als wir dort eintreffen, ist der Sarg bereits aufgebahrt, umrahmt von zwei überlebensgroßen Porträtfotos von Yannick. Die Kinder aus dem Kinderladen haben ein großes Betttuch wunderschön bunt mit vielen Motiven von all dem, was Yannick geliebt hat, bemalt und, soweit sie das schon konnten, ihre Namen darauf geschrieben. Es bedeckt nun den Sarg.

Als die Trauergäste eintreffen, stellen Gabriele und ich uns, wie man es wohl von uns erwartet, an den Eingang, um sie zu begrüßen und Beileidsbekundungen entgegenzunehmen. Ich bin innerlich wieder völlig erstarrt, reagiere ohne jede Emotion. Offenbar sind alle anderen in diesem Moment betroffener und berührter, als wir es sind. Manche weinen. Das Gemeindezentrum füllt sich mit Kindern, Eltern, Freunden, Nachbarn, Familienangehörigen, Kollegen. Ich bin überrascht und überwältigt über die riesige Teilnahme, selbst aus dem Herzogenrather Rathaus, wo ich in den letzten Monaten nur wenig anwesend war.

Der Saal ist bis auf den letzten Platz besetzt, als die Feier beginnt – so voll, wie wir es nur von Heiligabend kennen. Viele Freunde haben sich einen Beitrag überlegt, gehen beeindruckend sensibel damit um, dass hier ein Kind verabschiedet wird, insbesondere auch von Kindern verabschiedet wird. Selber wie versteinert in der ersten Reihe sitzend spüren wir, wie berührt die Trauergemeinde hinter uns von den Texten, den Worten, den Liedern ist.

Als würde der Himmel weinen, hat ein leichter Nieselregen eingesetzt, als sich die Trauergäste in Autos und einem von uns gecharterten Bus auf den Weg über die Grenze zum Friedhof machen. An dem schmiedeeisernen Eingangstor bekommt jeder eine rote Rose und einen mit Helium gefüllten Luftballon in die Hand. Ein Geiger spielt am Grab herzzerreißende Melodien aus seiner rumänischen Heimat. Der Sarg wird in die Erde gelassen, der Pfarrer spricht, die Geige singt, Gabriele und ich geben die Rose und etwas Erde ins Grab, dann Mara und Johanna, die Großeltern und Verwandten und dann in einer endlosen Folge die vielen trauernden Kinder und Erwachsenen. Danach gehen wir alle zum hinteren Teil des Friedhofs, wo der Himmel nicht durch Baumkronen verstellt ist. Auf ein Kommando lässt jeder seinen Luftballon los. Hundert bunte Ballons, jeder einzelne begleitet durch einen letzten Gruß an Yannick, steigen in den Himmel auf. Unzählige Gesichter sind dem Himmel zugewandt und beobachten, wie die Ballons immer kleiner werden, bis sie unseren Blicken entschwinden.

Wir kehren mit der Trauergemeinde ins Gemeindezentrum zurück, wo viele helfende Hände Getränke und eine Unmenge belegter Brötchen aufgefahren und eine Feier vorbereitet haben, die zeitweise wie die Mischung aus einer Fete und einem Kindergeburtstag wirkt.

Viele haben sich lange nicht gesehen, es wird erzählt, es wird gelacht, getrunken und gegessen. Yannick hätte seine helle Freude daran. Es herrscht eine warme, herzliche und trotz allgegenwärtiger Traurigkeit auch fröhliche Stimmung. Viele der Kinder beschäftigt das Erlebte, die Erinnerung an Yannick.

„Wenn ich mal tot bin, möchte ich neben Yannick beerdigt werden", meint Yannicks Freund Basti zu seiner Mutter. Ronja erklärt dem gemeinsamen Freund Till die neue Lage: „Der Yannick war immer mein bester Freund. Jetzt ist der Basti mein Freund, weil der Yannick doch tot ist." Till hatte Yannick wenige Tage vor dessen Tod noch zu seinem fünften Geburtstag eingeladen mit der Anmerkung „ich weiß, dass du da bist". Ein Jahr später zu seinem sechsten Geburtstag legt er eine Einladungskarte in Form eines „Pikatchu" wasserfest eingeschweißt auf Yannicks Grab.

Ich beobachte dankbar die vielen Helfer und höre begierig den Erzählungen und Anekdoten über Yannick zu. Aber oft stehe ich teilnahmslos im Raum, als gehöre ich nicht dazu. Es dauert lange, bis die Feier irgendwann am Abend zu Ende geht und die Trauergäste sich nach und nach von uns verabschieden, viele tief berührt und dankbar.

Noch Jahre später werden wir immer wieder von Teilnehmern auf diesen Tag angesprochen. Für sie ist er unvergesslich in Erinnerung geblieben als die außergewöhnlichste, bewegendste und auch schönste Trauerfeier, die sie erlebt haben. Wir sind dankbar, dass so viele Menschen, die Yannick und uns nahe waren, die Bilder und die Atmosphäre dieses Tages als Bereicherung in ihren Herzen bewahren.

Winter

1

Oft spüre ich Yannick ganz nahe bei mir. Und ständig spüre ich sein Fehlen. Sein leerer Platz am Küchentisch ist eine offene Wunde. Immer wieder deckt einer von uns versehentlich für fünf den Tisch. Wie geht das Leben ohne ihn weiter? Kann es überhaupt weitergehen? Ich weiß nicht, wo ich den Mut und die Kraft hernehmen soll, mich in dieses Leben vorzutasten.

Meine vergeblichen Versuche, Yannick zu retten, setzen sich in meinen Träumen fort:

Ich befinde mich in einem flachen, völlig zugeschneiten Tal. Alles ist weiß. Ich fahre ohne Weg oder Straße mit unserem roten Van auf dem festen Schnee. Plötzlich sehe ich weit vor mir einen dunklen Punkt. Es ist Yannick, der mir vorausgelaufen ist. Ich fahre weiter, bis ich links von ihm auf gleicher Höhe bin. Er rennt mit seinen Stiefeln durch den Schnee, hat seine graue Winterjacke an und seine blaue Zipfelmütze auf dem Kopf. Er hält eine Brötchentüte in der Hand, die er herumschlenkert, und aus der die Brötchen nach und nach in den Schnee fallen, ohne dass er es merkt oder darauf reagiert. An den verlorenen Brötchen haftet Schnee und etwas Dreck von der Erde unter der dünnen Schneedecke. Plötzlich ist da ein Spalt im Schnee oder im Eis, zuerst nur ganz schmal. Yannick läuft rechts davon, während ich links des Spalts fahre. Der Spalt zieht sich jetzt links an den Talrand heran, so dass ich nicht weiterfahren kann. Ich steige aus, laufe am linken Rand des immer breiter werdenden Spalts entlang, Yannick mir gegenüber am rechten Rand. Die Böschung wird immer steiler. Ich rufe, aber Yannick läuft weiter, rutscht manchmal fast ab, läuft wieder weiter. Der Spalt wird immer tiefer, unten fließt Wasser. Dann ist da plötzlich kein Schnee mehr, etwa drei Meter tiefer fließt das Wasser jetzt auf der ganzen Talbreite. Yannick rutscht auf der anderen Seite des Tals von der Böschung ab, fällt in das eiskalte Wasser und wird von der Strömung mitgerissen. Ich springe auf meiner Seite hinein, um zu ihm zu schwimmen, erreiche ihn nicht. Er verschwindet in der reißenden Flut.

Im Haus zurück bleiben vier Hinterbliebene, meist sprachlos, jeder in seiner Trauer allein, jeder woanders. Immer weiter habe ich mich in meiner Trauer, in meinem Kampf um Yannicks Leben von Gabriele, Mara und Johanna entfernt – seit Wochen, seit Monaten. Jeder hat versucht, seine Überlebensstrategie zu finden.

Das Jahr geht seinem Ende zu. Ein Jahr, das wir als ganze Familie im Kreis von Freunden begonnen haben, Yannick die Raketen und Knaller bestaunend und Blei gießend. Was seine Bleifigur war, die dabei entstand, weiß ich nicht mehr. Aber an meinen Wunsch für das neue Jahr, den ich auf einen Zettel geschrieben und ins Feuer geworfen habe, kann ich mich sehr gut erinnern: „Gesundheit für mich und meine Familie".

Wir bringen Mara und Johanna dazu, noch einige Male zu der Kinder- und Jugendpsychologin zu gehen, die im Frühjahr nach der Diagnose erst alle drei Kinder und später noch die beiden Mädchen betreut hat. Es ist unser Versuch, ihnen zu ermöglichen, ihrer Trauer, die unausgesprochen bleibt und zu der wir keinen Zugang haben, zu einem Ausdruck zu verhelfen.

Was tun mit dem bevorstehenden Weihnachten? Bei dem Gedanken daran habe ich die Bilder vom letzten Jahr vor Augen, als Yannick sich über die Geschenke hermachen und auspacken wollte, bevor noch das obligatorische Lied „Ihr Kinderlein kommet" verklungen war: Playmo-Hubschrauber, Ritterburg… . Nicht vorstellbar, ohne Yannick in der vertrauten Form zu feiern, Weihnachtsstimmung erzeugen zu wollen. Gabriele und ich wollen weg, weit weg. Schließlich fahren wir alle mit Johannas Freundin S. und ihrer Familie in den französischen Jura, verbringen die Weihnachtstage in einer Ferienwohnung und begehen den Heiligen Abend mit einem gemeinsamen Festessen in einem Restaurant. Aber es funktioniert nicht. Wir müssen einsehen, wie wichtig es den Mädchen ist, die Rituale aufrechtzuerhalten. Sie geben ihnen ein wenig Sicherheit, dass das Leben weitergeht. Also muss nach unserer Rückkehr noch irgendwo ein Weihnachtbaum her. Reumütig feiern wir Weihnachten nach. Später inspiriert uns ein Text von Dietrich Bonhoeffer zu einem Ritual, das wir vom folgenden Jahr an immer wieder an Weihnachten leben: am ersten Weihnachtfeiertag schneiden wir einen großen geschmückten Zweig aus unserem Weihnachtsbaum, tragen ihn gemeinsam auf den Friedhof und legen ihn auf Yannicks Grab. Er lässt die Lücke zu Hause als Wunde am Baum sichtbar werden und zeigt, dass ein Teil von uns jetzt oben auf dem Friedhof liegt.

Auch Yannicks Geburtstage feiern wir weiterhin, zusammen mit seinen alten Freunden und deren Eltern. Jedes Jahr laden wir sie alle erst zu einem gemeinsamen Pizzaessen zu uns ein, um dann, sobald es dunkel ist, gemeinsam auf den Friedhof hinauf zu gehen, das Grab in ein Lichtermeer aus Kerzen zu verwandeln und Feuerwerksraketen in den Nachthimmel zu schießen, die wir jedes Jahr von Silvester aufsparen. Wenn dann an alle Negerküsse verteilt werden, sehe ich jedes Mal den vor Freude glucksenden Yannick vor mir, wie er an der Tankstelle in Echternach die Negerküsse im Regal entdeckte. Das „Geburtstagskind" ist offenbar immer dabei, sorgt für uns: in den vielen Jahren, die wir dieses Ritual schon pflegen, regnete es während der Geburtstagsfeiern auf dem Friedhof nicht ein einziges Mal. In einem Jahr versank der ganze Tag im Dauerregen, bis zu dem Moment, als wir gemeinsam das Haus verließen, um zum Friedhof zu gehen. Die Wolken rissen auf, der Mond kam hervor. Als wir später nach Hause zurückgekehrt waren, setzte der Regen wieder ein. Yannicks Freunde bestehen auf dieses Ritual, fragen auch als junge Erwachsene noch jedes Jahr von sich aus nach, ob es wieder stattfindet.

Zu den Ritualen unseres neuen Lebens gehört auch Yannicks Todestag, der Sankt-Martinstag, den wir jedes Jahr feiern, indem wir am Martinszug der Grund-

schule und dem jedes Jahr größer werdenden Martins-
feuer teilnehmen, dem Ereignis, das Yannicks Abschied von der Welt war, das er unbedingt noch erleben wollte. An seinem ersten Todestag stehen wieder
hunderte von Schülern, darunter auch Johanna, mit ihren selbstgebastelten bunten Laternen auf dem Schulhof. Die Kapelle intoniert Martinslieder. Die Schulleiterin steht mit dem Mikrophon in der Hand auf der
Treppe und fordert die Schüler auf: „Jetzt hebt alle
eure Laternen hoch, damit Yannick sie von oben sehen kann." Ein Meer von Laternen erhebt sich über
die Köpfe. Über viele Jahre, bis zu ihrer Pensionie-
rung, lässt sie dieses Ritual wiederholen, während wir
jedes Mal abseits im Dunkeln stehen und mit Tränen
in den Augen zusehen. Sie selbst hat Yannick gar nicht
gekannt, nur Mara und Johanna gingen in ihre Schule.
Aber sie hat im Jahr von Yannicks Tod ihre erwachsene Tochter bei einem Unfall verloren.

2

Wo ist Yannick jetzt? Was ist mit ihm geschehen?
Was ist der Tod? Die letzten Monate haben alle meine
früheren Gewissheiten zerstört. Die vielen Zeichen
und geheimnisvollen Geschehnisse haben mich tief
verstört. Wir haben das Wirken unsichtbarer Mächte

gespürt und erfahren. Lebt Yannick jetzt in dieser anderen Welt? Kann ich Verbindung dahin - zu ihm - aufnehmen?

Wenige Tage nach Yannicks Beerdigung meldet sich die alte Dame zu einem Besuch an, in deren Wohnung der Heiler R. aus s'Heerenberg einmal im Monat, wenn er in Aachen war, Yannick behandelt hat. Sie berichtet, dass der Heiler ihr gesagt habe, dass ihm von Anfang an klar war, Yannick nicht würde heilen zu können, dass er ihn aber auf seinem Weg begleiten konnte, ihm helfen konnte, seinen Weg ohne Schmerzen zu gehen. Und dann vertraut sie uns an, im Kontakt mit Engeln zu stehen. In ihrer Wohnung fänden Treffen statt, in denen der Kontakt hergestellt werde. Sie erzählt uns, dass sie beim letzten Mal die Engel nach Yannick gefragt habe und ihr zur Antwort gegeben worden sei, dass es ihm sehr gut gehe. Die Menschen würden immer wieder zurück auf die Erde kommen, weitere Erdenleben durchlaufen, bis ihre Seele sich durch die Bewältigung der ihnen gestellten Aufgaben, Herausforderungen und Prüfungen über mehrere Entwicklungsstufen vervollkommnet habe und im Göttlichen verbleiben würde. Eine Lebensspanne sei ein Entwicklungszyklus der Seele. Yannick habe diese letzte Stufe erreicht und müsse wohl nicht mehr auf die Erde zurück, berichtet sie abschließend. Zum Abschied überlässt sie uns zwei Bücher, von denen eines unter dem Titel „Woher – wohin" in die Geistlehre, eine besondere Interpretation der christlichen Lehre - jedoch ausgehend von dem Gedanken der

Wiedergeburt - einführt, und das andere sich über mehr als siebenhundert Seiten vertiefend mit „Ehe, Familie und Erziehung in geistiger Sicht" auseinandersetzt.

Fast zur gleichen Zeit erreicht uns ein Brief der Kinder- und Jugendpsychologin. In dem Umschlag ist als Fotokopie ein Text beigelegt, der uns wie eine Offenbarung von Yannick aus einer anderen Welt erscheint:

„Es war einmal eine sehr, sehr alte Seele, die sehr, sehr viele Menschenleben auf der Erde gelebt hatte und deren Dasein als Seele jetzt ebenfalls fast zu Ende war, ja, bald würde sie mit der Ewigkeit verschmelzen und ein Teil davon werden. Im Augenblick saß die alte Seele in der Leere zwischen ihrem letzten Menschenleben und ihrer künftigen Verschmelzung und fühlte sich ein wenig einsam. Ihre besten Freunde waren auf und davon, die alte Seele konnte sie unten auf der Erde sehen, wie jede von ihnen einen Menschen mit Eifer, Neugier und Staunen und den verschiedensten Gedanken erfüllte.

Ich will dorthin, sagte die alte Seele. Ich habe immer noch eine ordentliche Portion Freude übrig. Ich will dorthin und sie ihnen schenken.

Aber die Zeit, die dir vor der Verschmelzung bleibt, ist so kurz, warnte der Wächter. Natürlich kannst du ihnen Freude schenken, aber wenn du nur so kurze Zeit bei ihnen bleibst, schenkst du ihnen zugleich eine große Trauer, wenn du sie verlässt.

Ich weiß, sagte die alte Seele. Aber ich will es trotzdem. Ich will ihnen so viel Freude schenken, dass sie ihnen danach über die Trauer hinweghilft.

Dann soll es so sein, wie du es willst, sagte der Wächter und schickte die sehr, sehr alte Seele los.

Daraufhin bekamen ein Mann und eine Frau auf der Erde ein Kind, das sie sich schon lange gewünscht hatten. Es war ein allerliebstes Kind, das ihnen vom Tag seiner Geburt an Freude bereitete, jene ungetrübte Freude, die die Menschen empfinden, wenn ihre Seelen einander begegnen und sich voller Entzücken aus der Ewigkeit wiedererkennen.

Aber bleibt dir nicht nur sehr wenig Zeit? Flüsterte die Seele der Mutter der alten Seele in dem kleinen Jungen zu.

Die Zeit ist kurz, aber die Freude ist groß, antwortete die sehr alte Seele. Und obwohl die Mutter dieses Gespräch nicht hörte, weckte das Geflüster eine ahnungsvolle Unruhe in ihr, einen Hauch des Wissens, dass wir nichts auf Erden besitzen, einer den anderen nicht und nicht einmal uns selbst. Alles wird uns schließlich genommen werden, alles, was wir mit uns tragen, alle Lieben um uns herum, schließlich auch unser Leben und unser Körper.

Aber der Junge wuchs heran, und die Freude, die er bereitete, war so groß, dass die Mutter diese Gedanken vergaß. Und der Vater freute sich ebenfalls. Ja, die sehr alte Seele durfte ihre letzte Zeit genauso verbringen, wie sie es sich gewünscht hatte.

Aber die Zeit war kurz, auch nach menschlichem Maß war sie kurz, und der Augenblick kam, da die Verschmelzung stattfinden würde.

Die sehr, sehr alte Seele erhielt den Ruf, dass sie sich unverzüglich zur Zeremonie einfinden solle, und sie musste gehorchen.

Für die Menschen sah es so aus, als hätte ein plötzlicher Tod den Jungen ereilt. Ihre Trauer war maßlos, genau wie der Wächter es vorausgesagt hatte. Aber da alle Erinnerungen an ihr

Kind nur Freude und nichts als Freude waren, konnten sie ihre Trauer ertragen, genau wie die sehr alte Seele es vorausgesagt hatte.

Und wo man früher die sehr, sehr alten Seelen ihr letztes Häppchen Zeit einfach in der Leere hatte absitzen lassen, bürgerte sich von nun an in der Ewigkeit die Sitte ein, dass die alten Seelen zu Menschen, die sie brauchten, geschickt wurden, um ihnen ihre letzte große Freude zu schenken. Die Freude gibt den Menschen die Kraft, die anschließende Trauer, die unausweichliche Trauer zu ertragen und allmählich in etwas Gutes zu verwandeln."

(aus: „Du fehlst mir, du fehlst mir!", Peter Pohl & Kinna Gieth)

Teilt etwa die Psychologin, die uns diesen Text schickt, die Vorstellung der Seelenwanderung? Wir treffen uns mit einer guten alten Freundin, die den Trauergottesdienst für Yannick mitgestaltet hat und die mir im Frühjahr die Reiki-Einführung vermittelt hatte. Als wir ihr von dem Text und dem Besuch der alten Dame erzählen, berichtet sie plötzlich, ebenfalls Kontakt zu Engeln zu haben, und es stellt sich heraus, dass sie ihrerseits mit der Familie E. bekannt ist, in deren Haus Yannick vom Heiler R. - im Wechsel mit der alten Dame - einmal im Monat behandelt wurde. Als wir diese Familie Monate später eines sonntags ganz überraschend bei unserer Freundin antreffen, offenbart uns Frau E., dass auch sie und ihr Mann mit Engeln im Kontakt stehen. Sie berichtet uns, dass sie die Engel nach Yannick befragt habe. Ihm gehe es gut, wurde auch ihr geantwortet. Er habe die achte Entwicklungsstufe erreicht. Wer die neunte

Stufe erreicht, brauche nicht mehr wiedergeboren werden. Mit Yannick würde jedoch eine Ausnahme gemacht. Er brauche nicht mehr zurück auf die Erde, obwohl er erst auf der achten Stufe sei. Die Engel hätten aber hinzugefügt, dass sie sich bezüglich der Hinterbliebenen – also uns – mehr versprochen hätten, was die Lehren betrifft, die wir aus unserer Begegnung mit Yannick und dem, was er uns gezeigt hat, ziehen. Sie seien von uns enttäuscht. Wir bleiben etwas ratlos zurück: soll uns hier eine Botschaft gegeben werden – ein Hinweis auf Lehren, die uns Yannick und sein Sterben gegeben haben und die wir noch nicht angenommen haben?

Seit wir mit Freunden und Bekannten über diese Begegnungen und die uns anfangs rätselhaften und verwirrenden Geschehnisse sprechen, eröffnen uns immer mehr von ihnen ihren eigenen, teils sehr intensiven Zugang zu spirituellen Dimensionen. Es sind Menschen, von denen wir dies niemals erwartet hätten und die es angesichts der allgemeinen gesellschaftlichen Skepsis diesen Dingen gegenüber immer vermieden haben, sich nach außen zu offenbaren.

Eines Tages fährt die Musiker-Familie, deren jüngste Tochter Ronja Yannicks Freundin war, in den Hunsrück, um sich, so wie wir im vergangenen Jahr, von dem Geistheiler, der an uns seine Wirbelsäulenbegradigung angewendet hat, behandeln zu lassen. Sie kommen mit einer Botschaft des Heilers an uns zurück: Yannick sei eine reife Seele gewesen, die nur aus Liebe noch einmal zur Erde gekommen sei. Und das habe ausschließlich mit Gabriele und mir zu tun gehabt. Seine Mission sei gewesen, uns etwas zu lehren und uns zusammenzuführen.

Wie ist das möglich? Dieser Heiler hat Yannick und uns nur für zwei oder drei Stunden erlebt, und doch hat sich ihm in dieser kurzen Zeit etwas offenbart, das sich vollständig mit den Botschaften der Psychologin, der alten Dame und von Frau E. deckt.

Wie kommt es, dass viele große Weltreligionen ganz selbstverständlich von der Wiedergeburt des Menschen ausgehen? Auch im Christentum war dieser Gedanke bis ins Mittelalter fest verankert und musste lediglich weichen, da er sich nicht gut für das spätere Bestreben der Kirche, Macht über die Gläubigen auszuüben, eignete.

Ich beschäftige mich jetzt immer intensiver mit Berichten über Reinkarnationen. Wir suchen eine Wahrsagerin auf, die uns nicht kennt und die keinerlei Informationen über uns hat. Im Internet kann man zu der Zeit noch nichts über uns „googeln". Aber sie berichtet erstaunlich detaillierte Dinge über uns. Dann beschreibt sie Stationen und wichtige Geschehnisse in unseren früheren Leben.

Auf der Suche nach meinem Sohn stoße ich auf immer mehr Geschichten und Erzählungen spiritueller Lehrer und Weiser, auf Erfahrungen und Erlebnisse mit einer anderen Wirklichkeit, auf Erkenntnisse über die tieferen Gesetzmäßigkeiten des Seins. Die Beschäftigung mit dem Sohn wird zur Beschäftigung mit dem Tod. Die Beschäftigung mit dem Tod führt zur Beschäftigung mit dem Leben, zur Frage der Bedeutung des irdischen Lebens.

Ich besorge mir eine große Anzahl von Büchern, die sich mit dem Tod und dem Sterben beschäftigen, lese das tibetische Totenbuch und das westliche Totenbuch, Berichte von und über Schamanen, die Biographien Krebskranker und alles, was ich bekommen kann an Berichten über das Sterben von Kindern, Erfahrungsberichte, Dokumentationen, Versuche der literarischen Aufarbeitung. Ich versuche, mich darin wiederzufinden, suche Hilfestellungen, Trost durch Schicksalsgemeinschaften, Antworten, Verstehen. Über Jahre kann ich nur noch diese Art Literatur in die Hand nehmen. Aber es wird noch viele Jahre brauchen, bis sich die Lehren, die mir und uns erteilt wurden, das neue Wissen und die neuen Gewissheiten als Wahrheiten und als Trost in meinem Inneren einnisten und heimisch werden und mich Frieden finden lassen.

3

War es Zufall, dass es gerade Yannick traf? Unseren einzigen Sohn, wo doch nur eines von hunderttausenden Kindern diesem heimtückischen, tödlichen Hirntumor zum Opfer fällt? Es ist unerträglich, darin nur den „dummen Zufall" zu sehen. Auf der Suche nach Antworten erinnere mich der vielen unerklärlichen Ereignisse, Phänomene und Zeichen im letzten Jahr im Zusammenhang mit Yannick, beginne, sie in einem ganz neuen Licht zu sehen. Nein, auch das waren keine bloßen Zufälle! Ich stoße auf Berichte von Angehörigen tödlich Verunglückter, die vor dem Unfall ebenfalls Zeichen empfangen haben, den Unfall teilweise bis ins Detail zuvor geträumt haben. Wie kann ein Unfall dann noch Zufall sein? Unvorhersehbar? Dahinter gibt es offenbar etwas, das größer ist. Einen Plan, eine Bestimmung, die sich an einem bestimmten Punkt realisiert. Wir sind frei in unseren Entscheidungen als handelnde Menschen. Unsere Entscheidungen sind eigenverantwortlich. Aber die Entscheidungen und das Handeln Anderer im Zusammenwirken mit dem unsrigen bringt Fügungen hervor, mit dem sich ein göttlicher Plan realisieren kann. Keiner der Beteiligten an einem Ereignis, zum Beispiel einem Unfall, mag dieses bewusst gewollt haben. Und doch wird ein Plan erkennbar.

Frühere Krisen und Begebenheiten erhalten plötzlich eine völlig neue Bedeutung. Nach außen sieht manches aus wie die „Verkettung unglücklicher Umstände". Oder auch glücklicher Umstände. War es nicht so, als Gabriele und ich beide „zufällig" innerhalb weniger Monate diese überregionale Tageszeitung aufschlugen, „zufällig" die Wohnungsanzeigen studierten und daraufhin „zufällig" Plätze in der gleichen Wohngemeinschaft fanden, wo wir uns dann irgendwann als Paar zusammenfanden?

Das Leben und seine wundersamen Fügungen sind erst im Rückspiegel zu verstehen. Und der Rückblick versetzt bei näherer Betrachtung auf einmal in ungläubiges Staunen: nur durch Krisen und Brüche eröffneten sich immer wieder die neuen Wege, die dann am Ende über das hinausführten, was vorher war. An entscheidenden Punkten, in entscheidenden Momenten war immer genau der Mensch da oder passierte genau das Ereignis, das die Dinge in eine neue und gute Richtung leitete. Es hat ganz offensichtlich nicht nur im letzten Jahr, sondern während meines gesamten Lebens eine Kraft, eine schützende Hand über mir gegeben, die in entscheidenden Momenten lenkend eingriff, ohne dass ich jemals das Gefühl hatte, in meiner freien Entscheidung eingeschränkt zu sein. War nicht das Scheitern in zwei Jobs an den jeweiligen Chefs, verbunden mit bitteren Erfahrungen der Existenzangst und drohender Arbeitslosigkeit und letztlich erzwungenen Stellenwechseln die notwendige Voraussetzung, um meine berufliche Bestimmung im dritten und vierten Job verwirklichen zu können? Jedes Mal mit der positiven Wendung im letzten Moment und wie durch ein Wunder? Hatte ich die Entscheidungen, die sich im Nachhinein als wegweisend herausstellen sollten, nicht immer aus einer plötzlichen Intuition, einem unerklärlichen Impuls heraus getroffen? Die nachträgliche Betrachtung dieser Verkettungen macht es mir unmöglich, weiter zu negieren oder zu leugnen, dass hier das Wirken größerer Mächte, einer Führung und Fügung im Gange ist. Dann kann es aber auch kein Zufall sein, dass Yannick in unsere Familie geboren wurde mit seinem kurzen Lebenszyklus. Auch das muss eine tiefere Bedeutung haben. Sollte er uns zu weiterreichenden Erkenntnissen führen, uns die Augen für andere Realitäten öffnen? War Yannick in unsere Familie geboren, weil wir diese Mission unseres Sohnes brauchten? War es nicht letztlich auch ein unermessliches Geschenk, fünf Jahre Gemeinsamkeit mit diesem außergewöhnlichen Menschen erleben zu dürfen? War Yannick bei uns, weil gerade wir auch stark genug sind, den Verlust zu ertragen, ins Positive zu wenden? Ganz sicher hat sich jedenfalls nicht nur dieser eine so banale und vordergründige Gedanke realisiert, der mir damals bei der Entscheidung für ein weiteres, drittes Kind neben anderen auch gekommen ist: Falls einem Kind etwas zustößt, bleiben uns immer noch zwei. Eines sozusagen als Sicherheit und Reserve.

Während der siebeneinhalb Monate von der tödlichen Diagnose bis zu Yannicks Tod war alles genau so eingerichtet, dass wir unseren eigenen Weg finden und gehen konnten: In der Klarheit der medizinischen Diagnose, die uns den Weg zu Heilern und spirituellen Begegnungen öffnete, ohne Zeit und Energie für Chemo- und Strahlentherapien zu verschwenden. In den Personen meines Bürgermeisters und meiner Arbeitskollegen, die mir die Möglichkeit des Erlebens und Erfahrens dieser Lebenskrise gaben. In den Absagen der gebuchten Feriengäste für das Steinhaus in Frankreich, die uns fast fünf Wochen Gemeinsamkeit und Abschiednehmen ermöglichten.

Währenddessen wurden uns immer wieder Zeichen gegeben, die uns auf die Nähe dieser lenkenden Mächte und die Unabwendbarkeit der Ereignisse hinwiesen: der tote Goldfisch, die ausbleibenden Blüten und Früchte des Pflaumenbaumes, der schwarze Bus nach der Taufe, die zerbrochene Taufkerze, die geballten Unglückszeichen beim Gesellschaftsspiel, die Totenmesse in Tournus, der Windhauch in St. Guilhem-le-Désert, der Yannicks Kerze ausblies.

Alle diese Zeichen hatten mich nicht davon abhalten können, immer verzweifelter an meinen Versuchen, eine Wende zur Heilung herbeizuführen, festzuhalten. Dabei hat Yannick doch auch selbst reichlich Zeichen und Hinweise gegeben. Hatte er nicht schon im Frühjahr die weißen Blutkörperchen zahnlos gezeichnet, so dass sie seinem „Knubbel" nichts anhaben konnten? Hatte er nicht damals schon von seiner Wiedergeburt gesprochen, davon in den Himmel zu gehen?

„Wenn ich wiedergeboren werde, sollt ihr mich wieder Yannick nennen!" Dieser Satz, ein halbes Jahr vor seinem Tod, zeigte nicht nur sein tiefes und sicheres Wissen davon, dass er sterben würde, sondern auch davon, dass sein jetziges Leben auf der Erde nur eine Episode seiner Existenz war, dass es für ihn Erdenleben davor gab und vielleicht auch danach geben wird. Heute bin ich sicher, dass Yannick seinen Weg schon damals im Frühjahr kannte, als er noch äußerlich einen gesunden Eindruck machte und nur sehr versteckte Symptome zeigte, als Gabriele und vor allem ich noch euphorisch vom Erfolg unserer Therapiebemühungen überzeugt waren. Er verfolgte unsere Bemühungen um seine Heilung eher nachsichtig und amüsiert, ließ mich geduldig scharfe Zähne an seine weißen Blutkörperchen zeichnen, weil er wusste, wie wichtig mir dies war, wehrte sich aber und wurde wütend, wenn es ihm zu bunt wurde.

Hatte Yannick nicht auch deshalb manchmal eine solche Wut, weil ich ihn einfach nicht seinen Weg gehen lassen wollte und es ihm unendlich schwer machte, seine Mission auch an mir zu erfüllen?

Seit Yannicks Tod lese ich in den Zeitungen die Todesanzeigen. Nie zuvor haben sie mich interessiert, ich habe sie immer achtlos überblättert. Suche – immer in der Hoffnung, keine zu finden – nach jungen Gestorbenen, stoße immer wieder auf Kinder oder Jugendliche darunter. Ich male mir aus, wie es den Eltern, den Angehörigen geht.

Was mir an einigen Anzeigen auffällt, sind Texte wie „viel zu früh verstarb …". Was ist „zu früh"? Gibt es auch ein „zu spät"? Ein Leben ist zu Ende. Ein Lebenszyklus. Eine Zeit auf der Erde. Jedes Leben hat seine Bestimmung, einen tiefen, verborgenen Sinn.

Kann er auch mit fünf Jahren erfüllt sein? Yannicks Leben war rund, voll. Auch ohne Schule, Arbeit, Rente. In sich abgeschlossen. Er hat Freunde gehabt, das Leben genossen. In vollen Zügen und intensiv. Er hat die Welt geliebt. Die Gerüche, die Farben, die Natur, die Wärme und die Kälte, den Regen und den Schnee, die Menschen und was sie hervorgebracht haben. Und er hat seine Freude am Leben und an der Welt mitgeteilt, hat andere daran teilhaben lassen. Hat gelehrt und gezeigt, welche Kostbarkeiten darin verborgen liegen. Er war unser aller Lehrer, der uns das Staunen über die Welt und die Liebe zum Leben lehrte. Und er hat uns den Weg zur Spiritualität gezeigt. Uns sensibilisiert für Zeichen, die uns gegeben werden. Uns zu Menschen geführt, die uns neue Horizonte öffneten. Er hat seine eigene Transzendentalität gelebt, uns Hinweise gegeben auf das, was er sah und fühlte, was wir nicht sehen und fühlen konnten. Er hat uns das Sterben und den Abschied gelehrt. Uns die Angst genommen. Die Angst vor dem Leben und die Angst vor dem Sterben. Nicht wir waren seine Sterbebegleiter, sondern er war derjenige, der *uns* an die Hand nahm und führte und leitete in ein neues und tieferes Verständnis dieser Welt und unseres Daseins, unserer Natur. Er hatte eine Mission und ein tiefes Wissen davon und sein Leben war vom ersten bis zum letzten Tag voll und erfüllt.

Jemand hat uns einen Text von Michael de Montaigne mitgebracht:

„Niemand stirbt vor seiner Stunde … wo immer euer Leben endet, da ist es ganz vollendet. Die Nützlichkeit des Lebens ist nicht in der Länge, sie ist im Gebrauch: mancher hat lange gelebt, der doch wenig gelebt hat. Es liegt an eurem Willen, nicht an der Zahl der Jahre, dass ihr genug gelebt habt …

Wenn auch dein Alter noch nicht vollendet wäre, dein Leben ist es. Ein kleiner Mensch ist ein ganzer Mensch, wie ein großer.

Weder der Mensch noch sein Leben wird nach Ellen gemessen. "

Zu früh gestorben? Ja – für uns, die mit seinem Tod und unserem Verlust weiterleben müssen. Für ihn? Heute glaube ich: nein.

Und so könnte diese Geschichte auch anders und neu geschrieben werden: als die Geschichte dieser „sehr sehr alten Seele", deren Aufgabe es war, in ihrem kurzen Erdenaufenthalt mein Verständnis – und das anderer Menschen – von dieser Welt und unserem Dasein zu verändern und uns in Kontakt zu den Geheimnissen der hiesigen und jenseitigen Welt und des Lebens zu bringen. Ein Verständnis zu vermitteln von unserem irdischen Leben als einem Aggregatzustand der Seele, während der Tod der andere ist. Ein Verständnis davon, dass uns ein menschlicher Körper und ein Verstand verliehen wurde, damit sich unsere Seele durch die erlebten körperlichen Empfindungen von Lust bis Leid und durch unsere eigenverantwortlichen, verstandesmäßig getroffenen Entscheidungen und deren Auswirkungen weiterentwickeln kann.

Heute versuchen wir, Yannicks Vermächtnis, so wie wir es inzwischen verstehen, zu erfüllen. Viele haben sich nach dem Tod ihres Kindes von Gott abgewendet. Ich, wir, wenden uns ihm zu, haben ihn entdeckt, nicht unbedingt in einem kirchlichen Verständnis, aber in einem spirituellen.

4

In den ersten Monaten ohne Yannick erscheint es als nahezu unlösbare Aufgabe, verbunden mit gewaltigen Anstrengungen, wieder ein normales Leben aufzunehmen. Oft fehlt mir dazu jeder Mut, ja, selbst der Wille. Ich wechsle wenige Monate nach Yannicks Tod meine Arbeitsstelle, gehe in eine Nachbarstadt, wo niemand Näheres über meinen Verlust weiß. Ich versinke für acht Jahre in einer verantwortungsvollen und mich fordernden Führungsaufgabe, die mich ablenkt, aber dem Rest meiner Familie nicht wieder näher bringt. Ich bin viele Abende weg, nehme nur wenig von der Entwicklung der Mädchen wahr, die heranwachsen und sich gegenseitig stützen. Auch von Gabriele und ihrer Trauer bin ich innerlich abgeschnitten. Wenn ich auf meine Familie sehe, erkenne ich vor allem diese unermessliche Lücke. Die drei anderen, die mit mir zusammen zurückgeblieben sind, sehe ich oft aus einem großen Abstand, wie durch ein umgekehrtes

Fernglas. In ihrem Streben nach väterlicher Liebe, Aufmerksamkeit und Anerkennung haben es Mara und Johanna bei mir unendlich schwer, gegen einen Yannick anzukommen, der keine Fehler mehr machen kann und dessen Bild in mir immer leuchtender wird. Immer wenn ich – wie so oft - unterwegs oder in meinen Gedanken woanders bin, versucht Gabriele, die Elternrolle alleine auszufüllen. Aber das führt dazu, dass sie mir wie eine Dreierfront erscheinen, zu der ich nicht dazugehöre, die ihr Leben ohne mich lebt, wo ich keinen Platz habe.

Ich versuche, mich an die Familie zu erinnern, so wie sie einmal war. An Leichtigkeit, Freundlichkeit, auch Freude, Gemeinschaft. Aber in der Erinnerung erklingt immer Yannicks helles und herzliches Lachen mit. In der Gegenwart nur Schweigen und Stille. Ich bin ein Fremder im eigenen Haus und im eigenen Leben, ständig auf der Suche nach meinem Sohn: in Bildern, in Äußerungen und Erinnerungen anderer, am Grab, an Plätzen, die wir einmal gemeinsam besucht haben, in Gegenständen.

Wenn wir mit den Mädchen unterwegs sind, sind wir eine unvollständige Familie, Amputierte, denen ein wichtiger Teil fehlt. Ich bin sicher, dass jeder sofort sieht, dass da jemand fehlt, erwarte ständig, darauf angesprochen, zur Rede gestellt zu werden. Mir scheint, dass wir uns rechtfertigen müssen, nicht wirklich dazugehören, wenn wir mit einer „vollständigen" Familie zusammen sind, auch wenn diese nur drei- oder vierköpfig ist. Wenn mir unbekannte Familien mit kleinen Kindern begegnen, bleibe ich stehen, beobachte sie, sehe ihnen nach, neidisch, sehnsuchtsvoll. Wissen sie, wie wenig selbstverständlich es ist, so gesund zusammen zu sein? Manchmal kann ich mich nur schwer zurückhalten, wenn ich Eltern erlebe, die ihr Kind beschimpfen, schlecht behandeln, scheinbar nicht wertschätzen können, dass es lebt.

Wenn ich auf der Straße einen kleinen Jungen sehe, vor allem, wenn er Ähnlichkeit mit Yannick hat oder in seinem Alter ist, kann ich den Blick nicht abwenden, werde von Sehnsucht übermannt.

„Häng Ulis Gesicht auf die Leine, denn es tropft vor Tränen", bilden Johanna und ihre Freundin Judith in der Küche aus den Magnetwörtern der „Kühlschrankpoesie".

Manchmal, wenn ich wieder tief in der Trauer verstrickt bin, ist es die Initiative alter und neuer Freunde, die mich rettet, mich am Leben erhält. Sie sind immer wieder da, halten mich, zerren mich aus meiner Höhle und versichern, dass es gut ist, dass es mich gibt.

Wir finden eine Gruppe von verwaisten Eltern, die sich regelmäßig unter Anleitung eines Pfarrers trifft. Es tut gut, dass es Menschen gibt, die wissen, wie es in uns aussieht. Wir merken, dass wir hier ohne viele Worte verstanden werden. Die zahlreichen helfenden Menschen um uns herum waren voller Mitgefühl, aber können sie diese unendliche Trauer und Leere nachempfinden, diese Hölle begreifen, durch die wir gegangen sind, durch die wir gehen?

„Es gibt nichts schlimmeres, als sein eigenes Kind zu verlieren", heißt es immer wieder. Ich weiß nicht, ob es stimmt, aber ich will auch nicht versuchen, mir Schlimmeres vorzustellen.

Den Sommerurlaub verbringen wir an einem Ort, an dem wir nie zuvor gewesen sind, der ohne Erinnerungen ist. Jeden Tag sitze ich auf dem Campingplatz oder am Strand und schreibe. Versuche, alles aufzuschreiben, was mir über Yannick und unsere Zeit mit ihm einfällt, getrieben von der Angst, zu vergessen. Es ist ein übermächtiger Drang, jeden Moment, jede Sekunde, jede Äußerung, jedes Detail von Yannick festzuhalten, wenn ich ihn schon nicht selbst im Leben halten konnte. Alles, was ich von meinem Sohn nicht mehr erinnern kann, droht niemals existiert zu haben.

Die Rückkehr auf den kleinen Campingplatz „La Corconne" in Südfrankreich gelingt uns erst ein Jahr später. Aber im Herbst wagen wir uns nach Gomera, dem Ort, an dem wir zweimal mit Yannick waren und wo wir im vergangenen Herbst hatten hinfahren wollen. Es beginnt eine Zeit, wo das Wiedersehen mit diesen Orten zwar noch schmerzt, aber auch schöne Erinnerungen wach ruft.

Es ist oft schwer, mit anderen über Yannick zu sprechen, Erinnerungen auszutauschen. Manche glauben, wir wollen lieber nicht über dieses Thema reden, oder sie haben Angst, den falschen Ton zu treffen. Wir aber sind begierig, von anderen über Yannick erzählt zu bekommen, zu erfahren, wie sie Yannick und sein

Sterben und uns erlebt haben, wollen die Erinnerungen an ihn teilen, ihn auf diese Weise lebendig erhalten. Und dann sind wir jedes Mal berührt, wie intensiv Yannick in den Herzen vieler Menschen lebt, wie er und seine Geschichte Menschen verändert und geprägt hat, wie dankbar viele sind, ihn kennengelernt zu haben und wie sein Weg, sein Sterben, sein Abschied und auch unser Umgang damit zu einer der wichtigsten Erfahrungen in ihrem Leben geworden ist. Zu Yannicks erstem Todestag verschicken wir an alle Freunde, Nachbarn, Verwandten einen Aufruf, mit uns über Yannick zu reden, uns Erinnerungen und Gedanken zuzumuten, ihn darüber in uns immer wieder lebendig werden zu lassen, ihn nicht totzuschweigen. Wir versuchen, uns mit einem Text von Erika Bodner verständlich zu machen, in dem es heißt:

„Geht behutsam mit uns um, denn wir sind schutzlos.
Die Wunde in uns ist noch offen und weiteren Verletzungen
preisgegeben.
Wir haben so wenig Kraft, um Widerstand zu leisten.
Gestattet uns unseren Weg, der lang sein kann,
Drängt uns nicht, so zu sein, wie früher, wir können es nicht
sein.
Denkt daran, dass wir in Wandlung begriffen sind.
Lasst Euch sagen, dass wir uns selbst fremd sind.
Wir wissen, dass wir Bitteres in Eure Zufriedenheit streuen,
dass Euer Lachen ersterben kann, wenn ihr unser Erschrecken
seht,

dass wir Euch mit Leid konfrontieren, das Ihr vermeiden möchtet.

Wenn wir Eure Kinder sehen, leiden wir.

Das „Nie mehr" ist wie ein Schrei in uns, der uns lähmt.

Wir müssen die Frage nach dem Sinn unseres Lebens stellen.

Wir haben die Sicherheit verloren, in der Ihr noch lebt.

Nehmt es an, wenn wir von unseren Kindern und unserer Trauer zu sprechen beginnen, wir tun nur das, was in uns drängt.

Wenn wir Eure Abwehr sehen, fühlen wir uns unverstanden und einsam.

Lasst unsere Kinder bedeutend werden vor Euch.

Teilt mit uns den Glauben an sie.

Noch mehr wie früher sind sie ein Teil von uns.

Mag sein, dass wir sie vollendeter machen, als sie es waren, aber Fehler zuzugestehen fällt uns noch schwer.

Zerstört nicht unser Bild! Glaubt uns, wir brauchen es so.

Wenn wir es geschafft haben, unser Schicksal anzunehmen, werden wir Euch freier begegnen.

Jetzt aber zwingt uns nicht mit Wort und Blick, unser Unglück zu leugnen.

Wir brauchen Eure Annahme.

Vergesst nicht: wir müssen so vieles von neuem lernen, unsere Trauer hat unser Sehen und unser Fühlen verändert.

Bleibt an unserer Seite!

Lernt von uns für Euer eigenes Leben!"

Endlich bekommt Yannicks Grab einen Grabstein und eine Einfassung. Der Schriftzug „Yannick" ist in seiner eigenen Schrift, stark vergrößert, in den Stein eingemeißelt. In eine halbrunde Steinplatte ist seine

Zeichnung eines schwarz-gelb-grünen Regenbogens und einer Sonne, aus der Regen fällt, eingraviert. Eine der Kinder-Krankenpflegerinnen hat ein buntes Windrad auf das Grab gestellt. Auf der steinernen Grabeinfassung sind unzählige Steine abgelegt mit den Namen von Yannicks Freunden und den Kindern aus dem Kinderladen. Verschiedene Spielzeug-Dinosaurier und andere Gegenstände bevölkern das Grab und immer wieder, auch Monate und Jahre später, kommen neue Gegenstände hinzu. Yannicks Grab ist anders als alle anderen, bunt, blühend, lebendig. Es wird zum Anziehungspunkt für viele Menschen, auch uns völlig Unbekannten. Oft erfahren wir nur zufällig, wer wieder am Grab war, manchmal sind wir aber auch nur überrascht und erstaunt über die Briefe, Geschenke, Blumen, die am Grab hinterlassen werden. Der Ableger eines Himbeerstrauchs hält für die Besucher bis in den November hinein frische Himbeeren am Grab bereit, von der Sorte, die Yannick am meisten gemocht hat.

Es kommt vor, dass wir Menschen am Grab antreffen, die wir nicht kennen, die aber davon sprechen, Yannick zu kennen oder eine Beziehung zu ihm zu haben. Eines Tages liegt ein regenfest in Folie verpackter Brief auf dem Grab. Auf der Außenseite das Foto eines in Stein gemeißelten Engels. Auf der Innenseite ein Brief an Yannick:

„Lieber Yannick!
Ich heiße Ekaterina. Ich komme aus Russland, Moskau. Ich habe dich leider nicht gesehen, nur Dein Foto. Ich habe aber

*Dich immer geliebt, weil Du mein Engel bist. Ich werde Dich
und Deinen Namen immer in meinem Herzen tragen und an
Dich beten. Ich weiß, dass Du mich auch kennst und liebst.*

*Deinen Eltern und allen Menschen aus Deiner Gemeinde
einen herzlichen Dank. Du bist lebendig, weil ich es beweisen
kann. Dein Leib liegt hier (noch hier bis Auferstehung). Du
bist aber im Himmel. Vergiss uns alle nicht. Bete für uns!*

*Ich freue mich, wenn ich sterbe und Du mich zum Himmel
führen wirst. Ich sage kein Ade, sondern Bis dann
und immer dieses gute Wort / Zauberwort.
Danke, Bitte und Tschüss
Ekaterina + Joachim"*

Immer wieder erzählen uns Menschen von ihren
Besuchen am Grab.

„Yannicks Grabstein finde ich sehr, sehr schön",
meint sein Freund Till eines Tages und zeigt Gabriele
seine eigene Steinsammlung.

Eines Abends sagt Johanna beim Gute-Nacht-Sagen: „Wenn Mara und ich jetzt sterben, dann kriegen
wir trotzdem jeder dreitausend Mark: tausend fürs
Nichtrauchen und je tausend von der Oma und der
Tante Renate. Dann habt ihr schon dreitausend Mark
für jeden Grabstein." Wir hatten den beiden gerade
eine Belohnung von tausend Mark in Aussicht gestellt,
wenn sie bis zu ihrem achtzehnten Geburtstag nicht
rauchen.

Ein anderes Mal stellt Johanna sich abends im Bett
tot, selbst als Gabriele ihr einen Kuss gibt und sie in
den Arm nimmt. Nach einer Weile bewegt sie sich.

„Hast du gemerkt, dass ich tot war? Jetzt bin ich wieder auferstanden. Ich muss in die Bibel kommen, ich bin ja sogar besser als Jesus."

5

Das zweite Weihnachten ohne Yannick steht vor der Tür, als wir zusammen nach Bad Segeberg zu einem Trauerwochenende für gestorbene Kinder fahren. Mara und Johanna sind nur widerwillig und nach Aufwendung aller Überredungskünste bereit, mitzukommen. Nach einer gemeinsamen Begrüßung werden sie mit drei anderen Kindern in eine eigene Gruppe eingeteilt, haben zwei Tage lang ein eigenes Programm, getrennt von uns Eltern. Zum ersten Mal treffen sie Kinder, die so wie sie selber einen Bruder oder eine Schwester verloren haben. Jeder bekommt am Schluss des Wochenendes eine Mappe mit, in der die Dinge, die er gelesen, gemalt und geschrieben hat, zusammengefasst sind. Ein Bild von Mara zeigt den Kopf eines lachenden Jungen, der auf einem ansonsten verlassenen Spielplatz aus dem Fenster eines Kletterturms schaut. Am letzten Tag sind Eltern und Kinder wieder zusammen, feiern einen gemeinsamen Gottesdienst und wir bemalen alle vier ein Teelichtglas mit Yannicks Namen, einer Sonne, einem Regenbogen und einem Baum. Es steht fortan vor einem Bilderrahmen mit dem Portrait von Yannick auf unserem Küchentisch und findet auch immer wieder den Weg ins Urlaubsgepäck. Die Mädchen sind froh, als wir die Heimfahrt antreten, sprechen nicht über das, was sie erlebt und wie sie es erlebt haben.

Zu Yannicks Geburtstagen und seinen Todestagen erhalten wir wunderschöne Postkarten, Texte, Grüße von vielen uns Nahestehenden, aber auch von Menschen, von denen wir es nicht erwartet haben. Eine ehemalige Praktikantin aus dem Kinderladen schenkt uns eine Porträtzeichnung von Yannick, die mit großer Authentizität offenbart, wie intensiv sich dieses uns kaum bekannte Mädchen mit Yannick auseinandergesetzt hat und was für eine enge Verbindung es mit ihm hatte oder vielleicht auch noch hat.

Immer hoffen wir, warten manchmal auch lange Zeit vergebens darauf, Yannick im Traum zu begegnen, dass er uns Zeichen gibt. Wenn wir von ihm träumen, sind es oft Botschaften, die wir nicht verstehen, manchmal auch deutliche Hinweise, dass es ihm gut geht und dass er ohne uns bestens zurechtkommt.

Eines Morgens wache ich mit diesem Traum auf:

Yannick sitzt auf einem großen Schiff am Rand eines bordeigenen Schwimmbeckens in seiner buntgestreiften Badehose, die Füße im Wasser. Er lebt, aber ein kleinerer, etwa zwei- bis dreijähriger Sohn von uns namens Gino ist gestorben.

Ein anderes Mal erzählt Gabriele:

Yannick ist alleine nach Australien geflogen, und sie sollte ihn am Flughafen abholen, weil sie seinen Personalausweis hatte, ohne den er nicht durch die Schranken kommen würde. Sie hatte zwanzig Minuten Zeit, zum Flughafen zu kommen. Trotz einiger Hindernisse und zusammen mit Mara schaffte sie es aber, sah ihn kommen.

In einem weiteren Traum von ihr waren wir in New York:

Yannick wollte ein eigenes Hotelzimmer haben und allein auf eigene Faust durch Manhattan ziehen. Sie war entsetzt, dass ich es ihm erlaubt hatte und hatte Angst, dass er nicht mehr zurückfindet. Sie studierte den Stadtplan, um zu sehen, wo Yannick sich in Downtown aufhält, fuhr dort hin und begegnete ihm auf der Straße. Er trug seine Daunenjacke, war gut gelaunt, grinste verschmitzt und sagte, es war kein Problem, sich zurechtzufinden.

Dann wieder träume ich:

Yannick will wie eine Fackel sein, auf einer großen Schaukel sitzen und leuchten. Wir stecken ihn in einen feuerfesten Anzug und er bekommt Brennkörper auf den Rücken, die angezündet werden. Auf einer riesigen Schaukel schwingt er weithin leuchtend hin und her, während die Brennkörper abbrennen. In der Dunkelheit sieht er aus wie eine lebendige Fackel, wie ein brennendes Pendel.

Dann erzählt Gabriele einen Traum:

Ihr wurde ein Pathologie-Präparat von Yannicks Gehirn gezeigt: Gehirnwindungen, an einer Stelle links zeigt man ihr den Tumor, rechts sieht man eine kleine Gestalt, ein Embryojunge. Sie fragte sich noch im Traum, was das bedeutet.

Als wir zum ersten Mal seit Yannicks Tod wieder in „La Corconne" in Südfrankreich sind, ist es ein besonders intensiver Traum:

Wir sind auf dem Campingplatz zu fünft! Andere Leute machen ein zu großes Feuer. Es greift auf einen Baum über, scheint zu einen Waldbrand zu werden. Hektik. Yannick ist weg. Keiner weiß, wo er hingelaufen ist. Ich meine, Richtung Wald, nach oben. Am besten, einer sucht Yannick, der andere bringt die Mädchen mit dem Auto in Sicherheit. Aber irgendwie wird der Brand gelöscht.

Später, im Halbschlaf, höre ich „Mama, Mama". Deutliches Rufen. Es ist Yannicks Stimme. Ich bin mir sicher, dass es Yannick ist. Ganz nah, ganz deutlich. Nicht klagend, nicht verzweifelt, einfach nur rufend. Immer wieder. Ganz real. Ich bin doch wach? Als ich mich vergewissern will, dass ich wach bin, ist es weg. Dann ist da noch das intensive Bild eines ganz weißen Raums. Alle Einrichtungsgegenstände sind weiß. Es gibt keine Farbe und kein Dunkel.

Kurz darauf am Waschhaus. Ich stehe am Urinal. Neben mir befindet sich ein kleines Becken für Kinder. Auf einmal stellt sich ein blonder Junge dort hin. Ich kann sein Gesicht nicht sehen. Genauso groß müsste Yannick jetzt sein. Kurz geschnittene Haare. Als ich fertig bin, ist er weg, spurlos verschwunden.

Einige Zeit nach Yannicks Tod kommt der Film „In America" in die Kinos. Es ist, als wäre unsere Familie, unsere Geschichte verfilmt worden, nur ein paar Äußerlichkeiten wurden verändert. Der Film handelt von einer Familie, die ihren fünfjährigen Sohn durch einen Hirntumor nach einem früheren Treppensturz verloren hat. Seine beiden zurückbleibenden Schwestern sind sechs und zehn Jahre alt. Ich identifiziere mich vollständig mit dem Familienvater Johnny, der nicht mehr fühlen kann und dem es erst am Schluss gelingt, durch sein Abschiednehmen von seinem Sohn ins Leben zurückzufinden. Ich sehe mir den Film zusammen mit Gabriele an, dann gehen wir alle vier ins Kino. Weitere zwei Male sehe ich den Film alleine. Jedes Mal in Tränen versunken, von Weinkrämpfen geschüttelt, froh, dass es dunkel ist und das Kino nur spärlich besetzt. Wenn ich von Freunden und Bekannten in dieser Zeit gefragt werde, wie es mir geht, schicke ich sie ins Kino. Dort auf der Leinwand kann jeder sehen, wie es mir geht.

Yannicks Freundin Leonie will Yannick immer noch heiraten, erzählt uns eines Tages ihre Mutter. Aber weil das nicht gehen würde, vielleicht doch den Sebastian, aber der sei in Ronja verliebt. „Die Viererbande ist auseinandergebrochen, weil Yannick gestorben ist", habe Leonie beklagt und sie habe Angst, dass noch jemand von dieser „Viererbande" (Yannick, Sebastian, Leonie und Ronja) stirbt. Noch Jahre später schreibt sie Yannick zu seinem zehnten Geburtstag einen Brief: „Lieber Yannick, ich hoffe, dir geht's gut. Ich spiele jetzt Fußball. Morgen haben wir ein Spiel gegen Burtscheid. Ich hoffe, wir gewinnen. Übrigens, mir geht's auch gut. Ich wurde getauft. Deine Leo".

Einige Jahre später unterhalte ich mich mit Ronja über ihre Grundschule:

„Wer von den alten Krabbelgruppen- und Kinderladenkindern geht denn jetzt mit dir in eine Klasse?" frage ich.

„Der Basti … und der Yannick", sagt sie.

„Welcher – unser Yannick?"

„Ja, der sitzt neben dem Martin. Weil, da sitzt keiner, da ist Luft, und das ist der Yanni"

„Und dann geht der auch jeden Morgen mit dir zur Schule? Klingelt und holt dich ab?"

„Ja!" erklärt sie.

Auch andere Kinder haben noch Jahre später intensive Erinnerungen an Yannick.

„Bei Yannick merkte man immer, wenn er sich freute", erinnert sich Laurens daran, wie er Yannick einmal ein Buch mit Taschenlampe geschenkt hat.

Nicht nur Yannicks Freundin Leonie, auch Mara und Johanna beginnen, Fußball zu spielen, treten in den Verein „Westwacht Aachen" ein. Regelmäßig fahren wir die Mädchenmannschaft zu Auswärtsspielen, waschen ihre roten Trikots. Wir gehen mit den Mädchen zusammen ins Stadion zu den Bundesligaspielen von Alemannia Aachen, fiebern mit, erleben und feiern den Aufstieg. Später fange ich sogar selbst im Alter von fünfzig Jahren noch als Hobbykicker an – zum ersten Mal in meinem Leben. Ich beginne mit Gitarrenunterricht, auch das hatte ich mir für Yannick gewünscht. Auf einmal beginne ich, genau wie unsere Töchter, Dinge zu leben, die dem Sohn zugedacht, meine unerfüllten Jugendträume waren. Vieles geschieht unbewusst, aber in irgendeiner Form leben wir jetzt alle ein bisschen das mit, was Yannick nicht mehr leben kann, an seiner Stelle, in Gedenken an ihn.

Bei einem Therapeuten, zu dem Gabriele und ich regelmäßig gehen, um wieder zueinander zu finden, mache ich eine „schamanische Reise":

Der Blick zum Ursprung ist Licht, der Blick in die Zukunft zeigt einen Wandersmann in Felljacke, der Blick zurück etwas Dunkles, das Yannick verdeckt. Ich gehe zurück und schiebe eine schwere Steinkugel zur Seite. Dahinter erscheint Yannick, in seinem blauen Nicky-Pullover, fröhlich, scherzend, witzig, lachend. Ich will oder soll mich von ihm verabschieden. Er will nicht. Wohin soll er auch gehen, wohin soll ich ihn verabschieden? Dann geht er auf einmal in mich hinein, ich nehme ihn in mich auf, Teile von ihm strahlen von mir ab, von mir weg. Ich fühle mich von ihm durchdrungen. So gehe ich weiter, dem gleißenden Licht, dem hellen Feuer meines Ursprungs entgegen.

Wieder Träume:

Ein süßer, blonder Junge in Yannicks Alter in grauer Fleece-Jacke schließt sich uns an. Er ist Yannick so verdammt ähnlich, heißt aber Niko. Hoffentlich tauchen seine Eltern nicht mehr auf, und er bleibt bei uns. Oder ist es vielleicht doch Yannick?

Ein anderes Mal, gut drei Wochen vor dem Tod meines Vaters, ganz intensiv und nah, ein Albtraum:

In einem älteren Haus und altmodisch eingerichtetem Zimmer befinden sich viele, irgendwie zur Familie gehörige Personen. Yannick, wieder in seinem blauen Nicky, sitzt auf meinem Schoß, wirkt manchmal nicht ganz lebendig, hat etwas Zombiemäßiges. Er kommt aus dem Jenseits, will anscheinend jemanden abholen. Wenn er auf einmal schattenhaft und plastikhaft wird, wirkt er unheimlich. Schließlich verschwindet er. Es ist

Nacht, dunkel. Auf einem schneebedeckten Hang, der auf einer Seite durch eine hohe Felswand begrenzt wird, steht ein Stock. Darauf Yannicks rot-schwarz-weiß-gemusterte Pudelmütze. In der Felswand ist ein etwa dreißig Zentimeter großes Loch, in dem helles Licht, Feuer ist. Durch diesen Kanal ist er verschwunden, er hat ihn in die Felswand gebrannt.

Als ich aufwache, habe ich das Gefühl, Yannick liegt direkt hinter mir. Mich fröstelt, es läuft mir kalt den Rücken hinunter.

Wenige Wochen später:

Yannick läuft in eine Gasse. Dann kommt Johanna auf einem Fahrrad aus der Gasse heraus. Yannick hängt quer mit dem Bauch über der Stange.

6

Mit den Jahren werden die Träume seltener. Wir sprechen untereinander und mit anderen immer weniger über Yannick. Jeder trägt die Erinnerungen und seine persönliche Geschichte damit in sich. Yannicks Geburtstage, seine Todestage, das St. Martinsfest und Weihnachten feiern wir immer auf die gleiche Weise. Wenn an den Geburtstagen seine alten Freunde kommen, sind sie in jedem Jahr wieder ein Stück gewachsen, werden zu Jugendlichen. Nur Yannick bleibt fünf.

Wir haben eine neue Trauergruppe gefunden, angeleitet durch eine Frau, die selber zwei ihrer Kinder verloren hat. Wenn wir uns treffen, sind sechs tote Kinder im Raum und ein tiefes gegenseitiges Verstehen. Als Jahre später die Leiterin selbst stirbt, bleibt die Gruppe bestehen. Unsere toten Kinder sind immer dabei, auch wenn sie von Jahr zu Jahr weniger Thema sind.

Das Grab wechselt sein Aussehen im Rhythmus der Jahreszeiten. Erst bedeckt von Schneeglöckchen, dann von Narzissen in Gelb getaucht, weiß blühende Christrosen, blaue Vergissmeinnicht und rote Rosen. Tiefrote Himbeeren vom frühen Sommer bis fast in den Winter hinein. Darunter und dazwischen die Dinosaurier, Steine, Klangkugeln, Figuren, Muscheln, Kerzen. Darüber immer ein buntes Windrädchen, das sich zur Begrüßung und zum Abschied im Wind dreht. Im Winter ragen nur das Windrad und der Stein aus dem Schnee, und Fußspuren zeugen von Besuchern.

Oft gehe ich zu Yannicks Grab, wenn ich mich mit Entscheidungen plage, die ich für mich oder andere zu treffen habe. Ich frage Yannick, was er dazu meint. Und jedes Mal bin ich mir sicher, dass er mir antwortet, höre seine klare Stimme, oder sehe sein Kopfnicken oder Kopfschütteln. Jedes Mal waren meine Entscheidungen gut.

Tief in mir spreche ich mit Yannick, höre ihm zu, schreibe ihm Briefe, erhalte Botschaften von ihm:

Lieber Yannick,
ich weiß nicht, wo du jetzt bist und wie es dir geht. Es wäre
schön, wenn du mal ein kleines Lebenszeichen von dir geben

würdest. Bis dahin muss ich mich an das Drehen des Windräd-
chens auf deinem Grab und die reifen Zwetschgen an deinem
übervollen Baum als kleine Botschaften halten.

Du hast mir damals, als du krank warst, so viel gezeigt und
mich gelehrt – ich fürchte, ich habe davon schon wieder einiges
vergessen und verlernt. Auch dafür wäre es schön, wenn du
manchmal näher wärst und mir noch mal den Kontakt zu deiner
jetzigen Welt vermitteln könntest.

Ich habe dich ganz doll lieb und sehne mich nach dir – bei
uns ist immer ein Platz leer.

Damals warst du mir weit voraus. Ich war nicht dein Sterbebegleiter, wie es meine Aufgabe gewesen wäre, sondern du
warst mein Trauerbegleiter, der mir den Weg gezeigt hat.

Ich weiß nicht, wie es für dich war, dass ich in entscheidenden
Momenten nicht da war. Ich frage mich das immer wieder. Aber
ich wünsche mir dennoch, dass du in entscheidenden Momenten
meines Lebens da bist, mir nahe bist und dass wir uns bis dahin
nicht ganz verlieren.

Ich drücke dich in Gedanken und versuche, dich zu spüren
und den Blick deiner klaren, bunten Augen einzufangen.

Bis bald!

Dein Uli-Papa

Hallo Uli,

ich bin nicht so weit weg, wie du meinst. Aber ich habe eine
andere Welt gefunden, die meine ganze Aufmerksamkeit fesselt.
Damals, als ich aus eurer Welt abgeholt wurde, hast du ja auch,
glaube ich, ein bisschen davon gespürt und das Flügelschlagen
gehört.

Du brauchst dir keine Sorgen zu machen. Ich bin in sicheren Händen und gut aufgehoben.

Du musst halt noch ein bisschen auf der Erde rumturnen und hast noch einige Dinge zu erledigen. Vor allem musst du für Mara und Johanna noch ein bisschen da sein und ein Vater sein.

Ich weiß, dass du immer da warst, wenn du konntest. Das ist schon okay.

Manchmal würde ich auch gerne mit euch Fußball spielen und Himbeeren essen.

Hier ist alles anders. Nicht nur besser oder schlechter. Du wirst schon sehen. Später. Iss erst mal die Zwetschgen und sei aufmerksam. Es gibt Zeichen von mir und von anderen. Aber dafür musst du den Kopf frei haben – und den Bauch. Mal sehen, was sich machen lässt.

Ich hab dich auch lieb – euch alle!

Bis bald

Dein Yannick

Lieber Yannick,

vor allem anderen habe ich dir immer gewünscht, dass du deine Offenheit anderen Menschen gegenüber behalten mögest, dass du anderen so zugewandt bleibst, wie du warst. Und ich habe mir dabei auch gewünscht, dass du in deinem grenzenlosen Vertrauen nicht eines Tages enttäuscht wirst und dich daraufhin zurückziehst. Ich habe mir gewünscht, dass du dir deine Liebe zur Welt, zur Natur, erhalten mögest. Und dass du so großzügig anderen gegenüber bleibst. Ich habe mir gewünscht, dass du weiter so von anderen geliebt wirst und dass du eine ganz große

224

und innige Liebe zu einem anderen Menschen findest. Ich habe mir gewünscht, dass du eine gute Ausbildung hast, einen Beruf, der dir Spaß macht, und dass du ganz viele Kinder – meine Enkel – hast. Und ich habe mir gewünscht, dass du Fußball spielst. Und ich habe mir gewünscht, dass du ein so hübscher Junge bleibst.

Jetzt wünsche ich mir, dass du da, wo du bist, glücklich bist und dass es dir gut geht. Ich wünsche mir, dass du nicht allein bist und dass du Freude und Liebe erfährst und geben kannst. Ich wünsche mir auch, dass du in den Herzen aller derer, die dich gekannt haben, bleibst und weiterlebst. Ich wünsche mir, dass für dich die Zeit bei uns eine gute Zeit gewesen ist. Ich wünsche mir, dass du ein neues Zuhause gefunden hast.

Alles Liebe
Dein Uli-Papa

Auf dem Jakobsweg, den ich Jahre später alleine gehe, habe ich zwei spirituelle Begegnungen mit Yannick. Die erste am Anfang des Weges, bei der Pyrenäenüberquerung. Nachdem sich in den Tälern die Nebel aufgelöst haben, ist es ein sonniger Frühlingstag. In der baumlosen und kargen Landschaft des Aufstieges steht die „weiße Madonna", etwas abseits des Weges, eine kleine und unscheinbare Statue auf einem Felsen, zahllose Gegenstände zu ihren Füßen, die Pilger hier abgelegt haben. Als ich direkt vor ihr stehe und zu ihr aufblicke, zieht das Jesuskind auf dem Arm der Madonna meine Aufmerksamkeit auf sich. Es ist eine ganz kleine Figur, aber sie blickt mich direkt an, ihre ausgebreiteten Arme wollen mich aufnehmen, empfangen, umarmen. Das alles vor dem tiefblauen Himmel: der Himmel umarmt mich. Das Jesuskind bekommt das Antlitz von Yannick. Der Himmel, Jesus, Yannick will mich in die ausgebreiteten Arme aufnehmen. Der Blickkontakt wird immer intensiver, er berührt mich tief, zu Tränen.

Die zweite Begegnung fast sechs Wochen später auf den letzten hundert Metern, am Ende des Weges. Der Leuchtturm von Cap Finisterre, der auf den Klippen steht, die das Ende des Lebens symbolisieren, befindet sich unmittelbar vor mir. Dahinter nur noch der offene Atlantik. Irgendein innerer Impuls hat mich an diesem Nachmittag doch noch allein auf den Weg diese letzten drei Kilometer vom Ort bis zu den Klippen und dem Kilometerstein 0,000 gebracht, obwohl ich ihn eigentlich mit verschiedenen Pilgerfreunden zusammen erst am nächsten Morgen machen wollte. Auf den letzten Metern denke ich an Yannick, an mein Tagebuch, an das Schreiben, als es passiert. Völlig unvermittelt trifft mich ein Blitz aus reiner Energie, in Form eines hellen Strahls, der über mich hinweggeht, eine unermessliche Klarheit, die tiefe emotionale Gewissheit, ein Sehen, dass ich den ganzen Weg, der hier gleich endet, Yannick und damit Gott gewidmet habe. Dass dies dasselbe ist, dass Yannick ein Funken Gott ist, dass er eins mit Gott ist. Und dass ich am Ende des Weges Gott sehe und damit Yannick sehe, nein, umgekehrt, dass ich Yannick und damit Gott sehe. Am Ende des Weges, am Ende des Lebens, das dieser

Punkt des Jakobsweges symbolisiert, begegne ich Yannick, begegne ich Gott, erblicke das Licht und die Unendlichkeit, das Meer. Im nächsten Moment schießen mir die Tränen ins Gesicht, werde ich von tiefen Eruptionen geschüttelt. Glücklicherweise bin ich noch so weit von den Touristenbussen am Leuchtturm entfernt, dass man mein Gesicht nicht erkennen kann. Als ich endlich weitergehen kann, kommt mir auf den wenigen verbleibenden Metern ein Spanier in meinem Alter entgegen, seinen Sohn an der Hand, der so alt ist, wie es Yannick jetzt wäre.

Das Leben verläuft wieder in einem von festen Ufern gefassten Bett. Es ist immer etwas zu tun, zu erledigen. Erst Jahre am Schreibtisch. Meetings, Diskussionen, Projekte. Urlaubsfahrten, Treffen mit Freunden. Es gibt wieder eine Normalität. Manchmal erscheint das Leben wie eine unendliche „To-do-Liste". Für jeden abgehakten Punkt kommt mindestens ein neuer hinzu. Ohne Höhen oder Tiefen, ohne große Gefühle. Ohne mich. Die Punkte werden abgehakt, die Tage werden abgehakt, das Leben wird abgehakt. Aber daneben wachsen auch neue Beziehungen, zu Gabriele, zu Mara und Johanna, zu Freunden. Es ist jetzt ein Leben ohne Angst vor Ungewissheiten, vor der Zukunft, mit dem neu gewachsenen Vertrauen, dass es gut ist, wie es kommt, dass alles einen tieferen Sinn hat, einer tieferen Gesetzmäßigkeit folgt und dass gute Mächte um mich herum sind.

Heute ist es eine andere Normalität als vor diesem Schicksalsjahr, in dem alles ins Wanken geriet, in Scherben zerfiel, in Schutt und Asche sank. Es war vieles und es war alles und es war die Katastrophe und das Ende, es war der Tod – und es war auch das Leben: eine Intensität der Gefühle, die mich gelehrt hat, was Leben bedeutet. Ich habe in jenem Jahr mehr gelebt, als in den sechsundvierzig Jahren zuvor und den Jahren danach.

Heute sind es zufällige Begegnungen oder Ereignisse, die manchmal noch die damalige Tiefe erahnen lassen, die die tief eingegrabenen Gefühle streifen oder gar berühren – Szenen in Filmen oder Büchern, die eine oder andere achtlose Bemerkung eines Menschen, vielleicht auch einfach nur eine Melodie. Dann kommt eine tiefe Erinnerung an das Leben, an die Seele, an den Schmerz und an die Freude. An den Sohn.

Epilog

„Hi, Ul-Papa …", oder „Hallo Ulfredo …" beginnen manchmal die Kurznachrichten, die mich via „WhatsApp" von Johanna oder Mara erreichen. Der direkte Draht zu den beiden oder innerhalb der ganzen Familie über unsere WhatsApp-Gruppe lässt uns gegenseitig an unserem Leben teilhaben, an den Alltäglichkeiten, an großen und kleinen Problemen. Ein nicht abreißender Faden von Bemerkungen, Anmerkungen, Mitteilungen, Gedanken, Kommentaren, Fragen, Antworten, Fotos, Smileys schafft eine Nähe, die auch über Kontinente funktionierte, als ich mit Gabriele in Nepal trekkte, während Johanna in Indonesien und Mara in Freiburg studierten.

Erst mussten mich Freunde immer wieder darauf hinweisen, was für tolle Töchter ich habe. Als ich Mara und Johanna dann im Laufe der Jahre immer mehr wieder wahrnehmen konnte, sah ich auf einmal zwei selbständige, faszinierend kreative, offene, überall beliebte und dem Leben zugewandte Heranwachsende, später dann junge Frauen. Während meiner häufigen physischen und oft auch geistigen Abwesenheit waren sie, nur von Gabriele unterstützt und ohne viel Hilfe durch mich, durch die Schule gegangen, hatten Freundinnen und Freunde, feierten, reisten und brachten dabei noch laufend Bestnoten aus der Schule nach

Hause. Sie leben ihr Leben – Mara nach dem Abitur erst ein Jahr in Nicaragua, Johanna während ihres Studiums ein Jahr in Indonesien. Bei unseren Besuchen in den fernen Ländern nahmen sie uns an die Hand, führten uns sicher und in fließendem Spanisch oder Indonesisch durch das Land. Ich fühlte mich sicher, als ich hinter Johanna auf ihrem Scooter sitzend durch den chaotischen Linksverkehr von Yogyakarta gefahren wurde, wo sie mir alle Attraktionen der Stadt und ihre Universität zeigen wollte. Immer wenn ich Anderen von den beiden erzähle, spüre ich den väterlichen Stolz.

Wenn ich - meistens etwas später - aufstehe, liegt oft ein Zettel auf dem Frühstückstisch, der mir von Gabriele Morgengrüße und sonnige Wünsche für den Tag schickt. Liebesgrüße. Sie selbst muss schon um halb sieben das Haus verlassen. Sie hat in der Krisenzeit die Familie zusammengehalten, auf mich und meine Rückkehr ins Leben gewartet. Mit grenzenloser Geduld vieles, mich, meine innere Abwesenheit, ertragen. Wir sind wieder ein Paar, sind uns wieder nah.

Manchmal noch werden die Strukturen wieder sichtbar, die sich damals gebildet haben, als Gabriele sich oft allein um die Mädchen kümmerte und ich nur Yannick sah. Dann fühle ich mich wieder abgetrennt von den dreien, abgeschirmt von meinen Töchtern, jetzt aber ohne meinen Sohn und allein. Das zeigt mir,

dass es ein langer Weg - vielleicht ein lebenslanger –
ist, den wir alle zu gehen haben.

Ein Jahr erst ist es her, dass wir in der Familie –
erstmals -über die Ereignisse von damals zwei Tage
lang ohne Ablenkung von außen reden konnten und
dabei deutlich wurde, wie sie uns alle geprägt haben
und weiterwirken und wie Yannick noch immer mit
uns verbunden ist.

Auch fünfzehn Jahre nach Yannicks Tod leben wir
alle mit diesem Teil unserer Familiengeschichte. Aber
wir sind wieder zu einer Familie geworden, wir alle –
alle fünf.

MIX

Papier | Fördert
gute Waldnutzung

FSC® C083411

Zeitfracht Medien GmbH
Ferdinand-Jühlke-Straße 7
99095 Erfurt, Deutschland
produktsicherheit@kolibri360.de